PUHUA BOOKS

我
们
一
起
解
决
问
题

全过程
员工关系
管理理

曹锋　韦祎　赵秀荣

编著

实战案例

人民邮电出版社

北京

图书在版编目（ＣＩＰ）数据

全过程员工关系管理实战案例 / 曹锋，韦祎，赵秀荣编著. -- 北京：人民邮电出版社，2023.2
ISBN 978-7-115-60526-9

Ⅰ．①全… Ⅱ．①曹… ②韦… ③赵… Ⅲ．①企业管理－人事管理－案例 Ⅳ．①F272.92

中国版本图书馆CIP数据核字(2022)第224193号

内 容 提 要

员工关系是生产关系的重要组成部分，是最基本、最重要的社会关系之一。员工关系是否和谐，事关广大员工和企业的切身利益，以及经济社会的发展。在经济高速发展时期，员工关系呈现出复杂化和多样化的特点。

本书对企业员工关系管理中经常发生的纠纷进行提炼、总结，对案例进行剖析，引导读者能基于法理，通过沟通技巧、人文关怀及情理相结合的方式处理好各类劳动纠纷，减少劳动纠纷处理成本。具体而言，本书从入职管理、在职管理、离职管理、特殊群体管理、多元化用工管理及情境管理六个方面收集了 HR 遇到的 50 多个问题，通过"管理场景""问题分析""管理箴言"的形式帮助读者厘清相关案例的法理，让读者知道如何处理相应的问题。同时，本书在每章后附有采用的相关法条及工具，使读者在阅读的过程中能够拿来即用，进而在员工关系管理工作中达到事半功倍的效果。

本书适合企业人力资源管理工作者、工会干部、劳动关系协调员及高等院校相关专业的师生阅读。

◆编　著　曹锋　韦祎　赵秀荣
　责任编辑　张国才
　责任印制　彭志环
◆人民邮电出版社出版发行　　北京市丰台区成寿寺路 11 号
　邮编 100164　电子邮件 315@ptpress.com.cn
　网址 https://www.ptpress.com.cn
　三河市中晟雅豪印务有限公司印刷
◆开本：700×1000　1/16
　印张：14　　　　　　　　　2023 年 2 月第 1 版
　字数：150 千字　　　　　　2023 年 2 月河北第 1 次印刷

定　价：69.80 元
读者服务热线：（010）81055656　印装质量热线：（010）81055316
反盗版热线：（010）81055315
广告经营许可证：京东市监广登字 20170147号

推荐序一

　　人力资源是一个特殊的行业，有着不同于其他行业的明显特征。能够把萃取的工作经验和职场感悟汇编成书，和同行分享，既幸运又不易。因为这不但需要有坚实的理论基础，还需要有能够落地的实务性操作经验，更需要有乐于分享的境界。

　　传统的人力资源分为人力资源规划、招聘与配置、培训与开发、薪酬、绩效和员工关系六大板块。员工关系作为其中最不起眼的"小六子"，在2008年以前几乎没有得到重视。自从2008年开始实施《中华人民共和国劳动合同法》(简称《劳动合同法》)，以及《中华人民共和国劳动争议调解仲裁法》等相关劳动法律法规的陆续出台，劳动争议呈爆发式增长，员工关系才成为人力资源领域的热点和焦点。行业里有这么一句话：没有经过劳动仲裁的人力资源经理，不是一个合格的人力资源经理。这是因为通过员工关系，可以对用人单位的人力资源制度进行全面的、系统的、深度的剖析，充分检验人力资源制度的合法性和合理性，通过员工关系这个点可以打通从人力资源规划、招聘、培训、薪酬、绩效到员工关系的"任督二脉"。因此，写作过程中，作者围绕人力资源的核心，通过员工关系把人力资源的六个板块有机地串联起来，消除其中的滞点，从而把人力资源打造成一个有机的整体。这正是本书不同于其他书的一个特点。

作为人力资源工作者，我们遇到问题时关心的往往是答案。本书提供了 50 多个具有代表性的员工关系问题，通过对案例进行分析，提供了解决问题的多种思路。书中的案例，人力资源工作者经常会碰到。相对于问题本身，答案不重要，重要的是解决问题的思路。更难得的是，本书每章最后都有相应的法条、表单或文书等，极大地方便了读者参照。

尽管每个人理解人力资源的角度不一样，但是在专业的道路上沿着成功者的脚印可以快捷地领悟人力资源，让自己变得更专业。我想这正是本书对于读者的价值所在。

沙燕飞

江苏省劳动人事争议业务技能竞赛调解员冠军

推荐序二

党的二十大报告中强调坚持走中国特色社会主义法治道路，建设中国特色社会主义法治体系，建设社会主义法治国家，围绕保障和促进社会公平正义，坚持依法治国、依法执政、依法行政共同推进。曹峰、韦祎、赵秀荣编写的这本《全过程员工关系管理实战案例》，可以说是响应党中央加快建设法治社会的号召，贯彻全民守法的精神，保障和促进社会公平正义之举。

企业的 HR 经常亲眼目睹新人来、旧人走、优秀者晋升、平庸者淘汰。形形色色的员工走走留留，让 HR 必须在职责和人性之间进行选择，做好决断。《全过程员工关系管理实战案例》从入职管理、在职管理、离职管理、特殊群体管理、多元化用工管理及情境管理六个方面收集了 HR 遇到的实际问题，并通过总结分析为 HR 提供了用人管理方面的风险防范知识，具有易懂、实用、全面和时效性强的特点。

（1）易懂

本书面向广大无法律功底的企业人力资源管理者、人力资源服务从业者、人力资源管理专业在校学生，用通俗的语言对法律条文进行阐述，以案例解析理解法律法规，在简明易懂的同时不失严谨专业。本书由 50 多个问题串连而成，针对每个问题首先以管理场景开篇，然后进行问题分析，最后以管理箴言的方式提出建议，内容条理清晰，易于读者理解。

（2）实用

本书从实际工作需要出发，切实解答了劳动者求职和企业用人过程中碰到的问题及困惑，依法、灵活、高效地为人力资源管理工作支招献策。本书既注重对基本法律知识的介绍和典型案例的分析，也注重促进读者对相关实务问题处理方法的掌握。读者可以在日常管理中灵活运用本书中的知识点。

（3）全面

本书涵盖了劳动者从入职到离职期间企业涉及的问题，以企业用人管理的流程为主线，辅之以用人管理中的特殊问题和特殊人群的劳动关系管理，并对法律法规进行整合，内容全面完整，体例简洁清晰。

（4）时效性强

随着时代的变化，《劳动合同法》在不断地与时俱进。而且，在具体的操作过程中，司法解释和各地的审判指导意见也层出不穷。因此，本书结合当前最新案例，把握劳动法的立法精神，充分吸收了仲裁和司法机关的审判意见，具有一定的时效性。

总之，《全过程员工关系管理实战案例》对于保障劳动者的合法权益具有指导作用，同时在兼顾企业的合法利益及正常营商秩序、规范企业依法用工、建设和谐的劳资关系方面也具有很强的促进意义，能够引导读者做社会主义法治的忠实崇尚者、自觉遵守者、坚定捍卫者。

孙兆刚

河南省人力资源开发研究会秘书长

管理学博士

教授

目　录

1

第4章　特殊群体管理

第5章　多元化用工管理

第6章　情境管理

第 1 章

入职管理

大学生提前入职，签订合同时需把握立法精神

【管理场景】

> 某公司签约了七名应届生。这些应届生修完学分后，提前两个月来公司报到，并被分配到对口部门。公司为他们安排了负责指导的师傅，他们和其他员工一样出勤，全日制作息。很快，他们入职即将满一个月。关于劳动关系，公司内部出现了分歧：有人说未正式毕业的大学生只能签实习协议，不能交社保；有人说毕业生一进公司就要签劳动合同、交社保……HR 很疑惑：未正式毕业的大学生是否可以签订劳动合同？如果工作期间出现意外伤害，责任怎么划分？

【问题分析】

大学生提前到企业工作，能否签订劳动合同、缴纳社保？之所以会有这样的疑惑，是因为人们对相关法律的认知有偏差。

未正式毕业的大学生，如果不在《中华人民共和国劳动法》（简称《劳动法》）第十五条和《中华人民共和国劳动合同法》（简称《劳动合同法》）第二十六条规定的禁止之列，都能与企业签订劳动合同。

《劳动法》第十五条规定：禁止用人单位招用未满十六周岁的未成年人；文艺、体育和特种工艺单位招用未满十六周岁的未成年人，必须依照国家有关规定，履行审批手续，并保障其接受义务教育的权利。

《关于贯彻执行〈中华人民共和国劳动法〉若干问题的意见》（简称《意见》）第十二条规定：在校生利用业余时间勤工俭学，不视为就业，未建立

劳动关系，可以不签订劳动合同。持不签订劳动合同意见的人，其思维应该是受到了《意见》的直接影响。

在劳动关系的解读上，HR除了要熟知相关法律内容之外，更要了解其立法精神。那么，HR该如何正确把握《意见》第十二条的立法精神呢？实际上，《意见》第十二条是为了考虑工作时间较为零星而设立的，并非禁止签订劳动合同。

大学生未正式毕业，只是没有拿到毕业证，法律对就业并没有文凭限制；已经不用上课了，自然不再属于勤工俭学的范畴。即使还未到实习期，如果与用人单位签订劳动合同，依然没有违反《意见》第十二条的规定。因为该条规定是"可以不签"，不是"应当不签"。这种情形只要不违反《劳动法》第十五条和《劳动合同法》第二十六条的规定，签订的劳动合同都是有效的，而且司法实践中也已反复证明。当然，如果已领到《大学生就业推荐表》就更有资格就业了。

社会保险是劳动合同的必备条款，既然未毕业大学生与企业已经形成劳动关系，签订了劳动合同，企业就必须为劳动者按时、足额缴纳社会保险费。这样既维护了大学生的利益，也有效防范了企业因不签订劳动合同而可能面临的一系列风险。

【管理箴言】

> 未毕业大学生入职能否签订劳动合同，很多HR都有困惑，主要原因在于对法律条款的理解有偏差。实践中，HR只有充分理解立法及相关文件精神的内涵，才能做到合法用人，合理控制用人风险。当然，如果企业与应届毕业生签订有三方就业协议，那么可以按三方就业协议的相关约定执行。

劳动合同内容前后约定不一致时，要留好证据控风险

【管理场景】

张华刚入职一家三线城市的小公司，当 HR 找他签订劳动合同时，他发现合同中大部分内容和入职前的约定有出入：应聘的是本市岗位，合同中写的工作地点是全国；入职前谈好试用期工资为 3200 元，转正后为 3500 元，但是合同中试用期工资竟然只有 1600 元，转正后待定。张华在和 HR 沟通时，HR 说公司向来都是这么写的，不用太介意，实际工资还是按照入职前谈好的标准执行。那么，张华该不该签这份合同呢？如果签了，会有哪些风险？

【问题分析】

遇到这类问题，我们一般习惯从法律和风险的角度考虑。如果按照这个逻辑，那么在三线城市找工作很可能一直处于频繁跳槽的状态。毕竟，完全符合理想的企业同样稀缺。

该不该签合同？我们不妨换个思维，从需求角度考虑：是否非常需要这份工作，去解决当下的生存问题？如果再次求职，理想周期是多少？求职能力评估结果如何？到底有没有底气说不？

如果有底气说不，那就意味着当事人毫无经济压力，有大把的时间去找一份心仪的工作。

这时，我们再考虑其他因素：为什么选择这家公司？是因为发展平台、工作氛围，还是薪酬福利？这家公司为什么录用你？目前的薪资与市场相比孰高孰低？合同约定与口头协议哪一个更趋向于真实？

即使找不到充分的理由，说不出明确的答案，我们也不需要过分纠结。唯一要做的就是先签合同，然后确定第一个月工资的实际发放金额。如果与口头约定一致，那么最多是虚惊一场；如果真按合同规定发放，那么及时止损就可以。

除了对经济收入和职业生涯的影响之外，我们更关心的是合同签订后还有可能存在哪些潜在风险？

首先是工作地点的风险：应聘的是本市，而劳动合同写的是全国，我们可以从公司的架构和营业范围分析是否有被派往外地的可能。如果是单体公司，营业范围又很局限，那就完全没有必要担心。

工作地点是指劳动者从事工作的具体地理位置，实质上就是合同履行地。明确了工作地点，就明确了纠纷的管辖问题、最低工资适用标准问题、社保最低缴费基数及缴费的问题。对工作地点写"全国"，不但无法实现立法意图，也违背了立法本意，《劳动合同法》中的相关规定就成为一纸空文。因此，这个约定是无效的。

其次是薪资问题：合同中写多少不是重点，重点是实际收入。以经济补偿金为例，不会因为劳动合同约定的基本工资低而减少，因为经济补偿金的依据是过去十二个月劳动者获得的平均工资。至于社保，一般以上一年度本人平均工资收入为缴费基数，与劳动合同签订的金额几乎无关。至于病假、生育津贴等都不以劳动合同约定的工资为准。因此，风险几乎为零。

综合来看，签订这个劳动合同对当事人而言没什么风险。到底该不该签，取决于彼此之间的供需关系：如果当事人手握几个录用通知，就不会过于纠结；如果这是目前唯一的选择，就似乎只有先签合同，抓住这根救命稻草。

【管理箴言】

实践中，不排除个别企业在招聘时承诺的和实际执行的存在差异。在承诺和劳动合同约定不一致时，我们可以采用微信、录音等形式与企业 HR 进行沟通，做进一步确认，收集并保存维护自身权益的证据。当然，实践中，企业由于社保缴纳基数、最低工资标准等原因，在合同中约定的薪酬待遇会与实际支付的数额有差距（实际支付的高），这属于操作中的技术处理。

依赖劳动合同约定条款，不如落实制度建设

【管理场景】

德达是一家初创的贸易公司，大部分员工都是销售人员。以前，公司和销售人员签订的是产品代理合同，没有建立正式的劳动关系。由于组织结构变更和业务调整，公司需要和销售人员签订正式劳动合同。为了更好地激励和约束销售人员，管理者要求合同条款必须结合公司的实际情况拟定，并在其中体现业绩要求和奖惩措施。这样的劳动合同该如何设计？

【问题分析】

劳动合同看似千变万化，但说到底，不外乎是必备条款和约定条款的综合。签订劳动合同时，必备条款缺一不可，只有在此基础上才能进行约

定条款的设计。签订劳动合同最核心的作用是规避未签订劳动合同的双倍赔偿风险。至于激励和约束，还是放到员工手册等载体中更妥当。

《劳动合同法》第十七条规定，劳动合同应当具备以下条款：

（一）用人单位的名称、住所和法定代表人或者主要负责人；

（二）劳动者的姓名、住址和居民身份证或者其他有效身份证件号码；

（三）劳动合同期限；

（四）工作内容和工作地点；

（五）工作时间和休息休假；

（六）劳动报酬；

（七）社会保险；

（八）劳动保护、劳动条件和职业危害防护；

（九）法律、法规规定应当纳入劳动合同的其他事项。

必备条款的填写涉及劳动合同的效力。根据《劳动法》第十八条的规定，违反法律、行政法规的劳动合同，和采取欺诈、威胁等手段订立的劳动合同都是无效劳动合同。

引起劳动合同无效的因素主要集中在以下几点。

（1）工作内容和工作地点

内容不合法的劳动合同不受法律保护。一般岗位会这样描述：乙方应按甲方的要求，按时完成规定的工作数量，达到规定的质量标准。那么，销售岗位的工作内容该如何约定？笔者建议用简练的语言体现销售流程即可。

工作地点是《劳动合同法》新增的必备条款。类似"因生产经营需要，劳动者愿意服从用人单位调整工作岗位"或"用人单位有权根据生产经营需要调整劳动者的工作岗位"等条款，写入合同的意义不大。因为调整工作岗位属于变更合同行为，按照《劳动合同法》的规定，变更需采用书面形式，所以，此约定涉嫌剥夺劳动者的合同协商变更权，用人单位免除自己的法定责任、排除劳动者权利的条款无效。

那么，工作地点是否可以写全国或某特定的大区域呢？如果劳动合同上写的工作地点是"全国"或"华东"，由于无法实现立法意图，从而违背了立法本意，所以约定是无效的。

（2）工作时间

因为是销售人员，选择合适的工时制很有必要。即使选择不定时工时制或综合工时制，也不能因此忽略工作时间、休息休假问题及可能存在的加班问题。

（3）劳动报酬

很多企业的劳动报酬约定不完整，往往只填写基本工资或试用期工资。实际上，试用期结束后实行哪种工资形式、税前还是税后、发放的周期或条件都应该具体约定。在实际操作中，要注意同岗同酬、最低工资标准及公平性的体现，否则可能导致劳动合同无效或部分无效。

用人单位与劳动者可以约定试用期、培训、保密、补充保险和福利待遇等其他事项。很多岗位可能会涉及企业的商业秘密或同行竞争，对此可以将保密作为一个重要约定条款列入合同，同时与保密协议、竞业限制协议等结合。

【管理箴言】

要激励和约束员工，仅靠劳动合同是远远不够的。对销售人员而言，最好的激励是物质激励。至于约束，与其依赖合同，不如依赖制度流程。在合同中体现业绩要求和奖惩措施等条款并非最佳做法，企业可以通过规章制度的制定和执行来补充劳动合同约定的不足。因为法律赋予了企业制定规章制度的权利，合法合规的规章制度是劳动合同的坚实保障。

虚假招聘的蝴蝶效应，会导致潜在的用人风险

【管理场景】

有一家互联网金融公司在年底针对应届生制定了一项招聘政策：以管培生的名义把学生招到公司，一开始薪酬很有吸引力，可是三个月后就进行调岗减薪，使招到的学生不仅只享受业务员的待遇，而且要在业务岗上工作 1～2 年。这些在招聘时并没有说清楚，学生入职前只是对他们强调高薪，强调一年有两次调薪机会等。招到人后，企业改变原先承诺的待遇，能这样操作吗？

【问题分析】

招聘信息本质上属于要约邀请，常规招聘信息会将企业的发展历程、未来展望等写进去，这些内容并不属于劳动合同部分。但是，招聘信息中有些很具体的承诺条款则可能构成劳动合同的一部分。

虚假招聘可能造成以下法律风险。

（1）劳动合同无效

《劳动合同法》第二十六条对无效或部分无效的劳动合同进行了罗列，

其中包括以欺诈、胁迫的手段或乘人之危，使对方在违背真实意思的情况下订立或者变更劳动合同。

（2）赔偿经济损失

《劳动合同法》第八十六条规定：依照本法第二十六条规定被确认无效，给对方造成伤害的，有过错的一方应承担赔偿责任。

（3）单方面解除劳动合同

企业在招聘及面试劳动者的过程中，没有如实告知与劳动者所要从事的工作相关的工作内容、工作条件、工作地点、职业危害、安全生产状况、劳动报酬及劳动者要求了解的其他情况，很容易出现信息不对称或虚假招聘。国家为了保障劳动者的权利，在《劳动合同法》第八条对企业的告知义务做出了明确规定。在企业未履行告知义务的情形下，根据《劳动合同法》的相关规定，员工不但可以单方面解除劳动合同，还可以要求企业支付经济补偿金。

以管培生的名义招入，三个月后学生的工资就调成业务员的待遇，并且要求学生从事1～2年的业务员工作，这意味着企业随意变更劳动合同内容，学生的岗位已经发生了实质性变化。如果企业不能与员工协商一致，随意变更工作岗位，或员工明确答复不同意变更劳动合同，企业的处境就会非常被动。这种情况下，用人单位要在与员工充分沟通的基础上，权衡继续履行劳动合同与解除劳动合同的经济成本后做出相应的决策，进行赔偿或补偿。

单方降薪既不符合《劳动法》的规定，也未经劳动者同意，不但属于违约行为，也构成了违法事实。用人单位出于生产经营的需要而调岗时，要证明调整岗位的必要性和合理性；如不能证明，则用人单位调岗属于违法，员工可随时向劳动争议仲裁委员会申请仲裁，提出补偿要求。

因此，企业在薪酬管理上做文章，忽升忽降并不可取；不如将薪酬弹性化设计与管培生职业生涯规划结合起来，或明确前几个月属于带薪培训。总之，我们的薪酬模型必须是接受程度高、法律风险低、能留住人和激励人的，而不是违背法律和人性的。

招聘的规范发展，一方面需要企业加强自身建设，完善相关内控核查制度，从源头上解决问题；另一方面需要政府相关部门加强外部监管，让招聘真正做到有法可依、有法必依，避免企业游走在法律的空白地带。

【管理箴言】

企业管理要多维度、多方面进行机制构建。没有底线的管理，不但不会节省成本，反而会浪费更多的机会成本，企业要想留住人也只会是一厢情愿。任何纠纷都可能形成蝴蝶效应，造成不可估量的用人风险。

如何应对员工拒签劳动合同，离职时索要双倍补偿

【管理场景】

五星公司有一名高管在入职后一直拖着没有与公司签订劳动合同，从而也一直没有缴纳社保。HR虽多次催促，但他一直以各种借口不配合。后来，他被逼急了，说社保在别的城市缴纳了。HR让他提供社保缴费证明，报销其应由公司承担的社保，他却迟迟未能提供。最终，

在管理层的过问下，他才与公司签订了劳动合同，正常缴纳了社保。今年 10 月，因其业绩没有达到要求，公司想对他进行调整。他要求不论是辞职还是辞退，没签合同阶段公司必须支付其双倍工资。

【问题分析】

高管的诉求似乎逻辑很清晰：不签订劳动合同，就要支付双倍工资。但是，不签订合同的责任在哪方？

对此，绝大多数地区（不包括广州）的司法实务认为，双方未签订劳动合同是因劳动者的过错导致的，所以用人单位无须支付双倍工资。

《劳动合同法》第八十二条关于用人单位拒签书面劳动合同应当赔付双倍工资的规定，旨在保护劳动者的合法权益，督促用人单位尽快与劳动者签订劳动合同。

然而，双倍工资赔付必须满足三个条件：一是用工之日起超过一个月没有签订书面合同；二是没有签订书面合同应归咎于用人单位；三是时效从劳动者知道或者应当知道其权利被侵害之日起计算。

不难看出，对于上述案例，我们只能从"没有签订书面合同应归咎于用人单位"找突破口。法律讲的是证据，公司提供的会议纪要、证人证言及与其他劳动者签订的书面合同等一系列证据能够证实：该公司有积极主动与员工签订书面合同的意愿，不存在不签订合同的主观故意。因此，未签订书面劳动合同的责任在个人。员工主张未签订劳动合同就应支付双倍工资的诉求，不应得到支持。

企业在处理员工关系时，除了拼专业，就是打好心理战。现实中，普通员工看重的多是补偿金，对此哪怕仲裁诉讼也往往在所不惜；而高管往往更愿意和平解决，至于补偿金则在其次。

高管迟迟未签订劳动合同，表面看错在高管，但也暴露出人力资源管理内控的缺失。如果证据不足，就很可能给企业造成经济损失。因此，我们必须做好防范措施。

（1）背景调查不可少

对于中高层及一些重要岗位，企业必须进行背景调查，对入职人员在上家企业的表现、口碑、是否离职、社保状态等都有清晰的了解，并形成报告放入个人档案。

（2）入职要求必须清晰

入职时，离职证明、体检报告、社保记录、原件审核等一个都不能少，杜绝以后发生纠纷。

（3）收集证据

劳动合同必须在一个月内签订，社保必须缴纳。如果出现不签订合同或拒绝缴纳社保的情况，HR 要第一时间进行谈话，做好书面记录和录音等证据收集，防患于未然。如果条件允许，HR 最好在一个月内决定员工的去留，彻底解除隐患。

（4）完善制度

五星公司高管的这种情况不会是个案，企业应该建立详细、可行的规定和清晰完整的流程，让 HR 在可控的范围内实操落地，完全合法地规避风险。

【管理箴言】

员工拒绝签订劳动合同，表面看是员工的问题，本质还是人力资源管理内控不到位。如果证据不足，就很容易给企业造成经济损失。作为 HR，规避风险，把各种风险扼杀在萌芽状态，才是自身价值的体现。

对考察期长的岗位，做好试用期评估才是关键

【管理场景】

制造企业有些技术工种，对综合能力的要求比较高，很难在一个月内评估员工能否胜任。因此，在实际操作中，有些车间就将此类员工的劳动合同延后，直到能判断员工适合这个岗位时再签合同。这样操作，显然超出了一个月的期限，企业很可能面临支付双倍工资的风险。作为 HR，面对这种情况该如何处理呢？

【问题分析】

HR 犯了一个概念性的错误，即把劳动合同签订与试用期评估混为一谈。因此，我们在讨论如何处理之前有必要先熟悉几个法律条款。

《劳动合同法》第十条规定：建立劳动关系，应当订立书面劳动合同；已建立劳动关系，未同时订立书面劳动合同的，应当自用工之日起一个月内订立书面劳动合同；用人单位与劳动者在用工前订立劳动合同的，劳动关系自用工之日起建立。这意味着，劳动合同必须在一个月内签订。这是法律明文规定的，否则企业将会面临支付双倍工资的风险。

《劳动合同法》第十九条规定：劳动合同期限三个月以上不满一年的，试用期不得超过一个月；劳动合同期限一年以上不满三年的，试用期不得

超过二个月；三年以上固定期限和无固定期限的劳动合同，试用期不得超过六个月。

由此可见，试用期并非随意约定，而是与劳动合同期限密切相关的。如果员工不同意延长，企业无权单方面延长试用期。因为试用期是劳动合同的一个条款，是双方协商一致的意思表示，企业没有单方面变更合同的权利。如果员工同意延长，则延长试用期就是双方协商变更劳动合同的行为，而且变更之后的试用期条款符合法律的规定，没有超过法律对试用期的最长规定。企业与员工变更试用期条款后，一定要签订书面的变更协议，这样才能保证变更行为的合法性。

同时，《劳动合同法》第十九条还明确规定：同一用人单位与同一劳动者只能约定一次试用期；以完成一定工作任务为期限的劳动合同或者劳动合同期限不满三个月的，不得约定试用期；试用期包含在劳动合同期限内；劳动合同仅约定试用期的，试用期不成立，该期限为劳动合同期限。

在熟悉劳动合同签订、试用期管理的相关规定后，HR 该如何在有限的试用期内判断这些技术工人的胜任力，有效避免试用期的延长呢？

（1）选择合适的劳动合同期限

既然一个月内无法判断是否胜任，那么企业在签订劳动合同时期限尽量选择三年以上，从而合法地享有六个月的试用期。从企业角度看，试用期越长，评估准确率越高；从员工利益看，试用期越短，安全程度越高。实际上，员工普遍希望能在一个月内转正，并尽可能地缩短试用期。如果试用期被延长，不但法律禁止，员工也会有心理落差。

（2）增强招聘深度，避免试用期辞退风险

招聘是企业选人的第一关。要想避免试用期辞退风险，企业就必须在招聘上多下功夫。例如，细化岗位胜任资格、明确录用条件、设计胜任模式等，特别是岗位做好背景调查。《劳动合同法》第二十一条规定：在试用期中，除劳动者有本法第三十九条和第四十条第一项、第二项规定的情形外，用人单位不得解除劳动合同。用人单位若想用"不符合录用条件"为由解除劳动合同，需要说明理由。

（3）开展"导师带徒"，促进技能发挥

试用期的目的是什么？是为了明确判断员工的岗位胜任能力，评判员工的能力是否匹配岗位和企业发展的需求。与其单纯地评定能力，不如合理引导，通过"导师带徒"等形式帮助新入职员工更好地发挥技术特长。企业不能被动地考核员工，而应主动开展相关培训，加强知识和技能拓展，提高员工技能，使其达到岗位要求。

（4）做好考核模式创新

很多企业对试用期员工的考核仅凭一份工作总结，这显然无法完整地反映员工的试用期表现。要想更动态地考核试用期员工，企业就必须创新考核模式，从而更好地判断员工的岗位胜任能力。对试用期不合格员工，是否只有辞退一条路可走？答案显然是否定的。做招聘的人都知道，合适的人难招，招到合适的技术工人更是难上加难。试用期考核除了把控时间因素，还可以提升效率。

【管理箴言】

通过试用期考察员工，有一个好的试用期评估机制才是关键。HR一定要协助用人部门做好试用期员工，特别是关键岗位、特殊岗位员工的试用期评估和试用期约定，避免因随意延长试用期而给企业带来劳动纠纷的风险。

招录未解除劳动关系的员工时，要控大局、算总账

【管理场景】

> 美佳是一家食品生产公司，想在机电设备维修岗位招录一名既懂技术又懂管理的人才。经过长时间的筛选之后，终于有一名应聘者，无论从技术还是人员管理经验上都满足公司的要求，其本人也非常愿意入职。但是，其上家单位一直不批准，说是不愿意人才流失。求职者本人因为想就近照顾家庭，到公司的意愿比较强烈。求职者虽然已经去了原单位两趟，但原单位就是不给办手续。美佳公司想录用这名求职者，该怎样规避风险呢？

【问题分析】

常言道：千里马常有，而伯乐不常有。事实上，随着供求关系的变化，千里马成了稀缺资源，而伯乐却有日趋泛滥之势。在人才竞争如此激烈的当下，企业该如何留住这匹"千里马"，合理规避风险呢？

解铃还须系铃人。案例中的问题都源于离职。是不是用人单位不批准，员工就无法离职了？如果真这样，员工岂不是失去了就业自由？因此，美佳公司 HR 能做的就是帮助求职者顺利离职。

一般情况下，转正后员工提前三十天、试用期员工提前三天书面通知即可辞职。前提是做好工作交接，避免因离职造成企业直接或间接经济损失。如果用人单位存在《劳动合同法》第三十八条规定情形之一的，劳动者可随时通知用人单位辞职并要求经济补偿。这样不仅无须提前三十天，还可以根据《劳动合同法》第四十六条规定要求经济补偿。具体可分为以下两

种情况。

（1）离职需通知用人单位

用人单位出现放假、停工、未及时足额支付劳动报酬、少支付加班费、未依法缴纳社会保险费、规章制度违法等情形都能导致解除劳动合同，但劳动者应当通知用人单位。

（2）离职不用事先告知

用人单位以暴力、威胁或者非法限制人身自由的手段强迫劳动者劳动的，或者用人单位违章指挥、强令冒险作业危及劳动者人身安全的，劳动者可以立即解除劳动合同，不需事先告知用人单位。

要录用这类未解除劳动关系的劳动者，企业要先明确风险在哪里，然后才能合理规避或弱化。

《劳动合同法》第九十一条规定：用人单位招用与其他用人单位尚未解除或者终止劳动合同的劳动者，给其他用人单位造成损失的，应当承担连带赔偿责任。因此，用人单位在招用劳动者时，应当查验终止、解除劳动合同的证明，以及其他能证明劳动者与任何单位不存在劳动关系的凭证，避免因招用未解除劳动关系的劳动者，让企业承担连带责任。

另外，美佳公司的 HR 可以换一种思路，在不签订劳动合同的情况下，该如何使用该员工？

（1）暂按兼职人员使用

《劳动合同法》第六十八条给了我们启示：非全日制用工，是指以小时计酬为主，劳动者在同一用人单位一般平均每日工作时间不超过四小时，每周工作时间累计不超过二十四小时的用工形式。第六十九条规定：非全日制用工双方当事人可以订立口头协议。

（2）作为技术顾问使用

鉴于岗位特点，美佳公司可以将该员工作为技术顾问使用，这样的协议更多属于一种委托合同。

作为 HR，有时候我们不能只盯着风险，更要学会从大局出发，算总账，在该员工离职成本与入职价值创造之间做出取舍。

【管理箴言】

在左右为难时，我们可以抛开法律的约束，利用财务思维算总账：在一定周期内，该员工带给企业的风险与创造的效益哪个更重要；换言之，企业是否愿意为这类员工的经济风险买单。从财务角度看，员工潜在的风险可以看作一种人力资本投入，至于盈亏，则要看员工能力与企业需求的契合度。

电子劳动合同应用成为管理新趋势

【管理场景】

人力资源和社会保障部发文，明确用人单位与劳动者协商一致，可以采用电子形式订立书面劳动合同，并在 2021 年 7 月组织编写了《电子劳动合同订立指引》。面对这种变化，HR 应该如何看待？如何保证电子劳动合同的效力？如何规避法律风险？这种规定又会对人力资源管理工作产生哪些影响？

【问题分析】

2020 年 3 月 10 日，人力资源和社会保障部公众号发送了《人力资源和社会保障部办公厅关于订立电子劳动合同有关问题的函》。该文件强调：采取电子劳动合同的前提是用人单位与劳动者协商一致，电子签名的合法性，以及电子劳动合同完整、准确、不被篡改。

实际上，这并不是人力资源和社会保障部第一次在公开场合"强推"电子合同。2020 年 2 月 11 日，国务院召开新闻发布会明确表示，"在疫情防控期间，将把所有的招聘活动由线下全部转到线上，实现就业服务不打烊、网上招聘不停歇"。在政策的鼓励下，实现网上签约的电子合同一跃成为企业网上招聘的刚需。

虽然同在风口，电子合同的渗透远不如远程办公。截至目前，很多企业并没有签订过电子劳动合同。为什么？因为电子劳动合同的操作流程实在太烦琐了。

要签订电子劳动合同，HR 至少要做以下这些事。

（1）找第三方合作机构。

（2）学习操作指南和服务流程。

（3）进行实名认证，提供营业执照、法定代表人身份证后，通过后台识别校验、审核处理、录制视频，上传，完成身份验证。

（4）员工通过手机端手写签名样式并上传，企业将章模图片拍照上传，平台自动生成签名和章模的图片。

（5）由企业将起草定稿的劳动合同文件通过电子文档形式上传至平台服务器，后由企业发起请求，框定签署位置后等待员工回复。

（6）由员工实名登录平台后，根据标志提示使用电子签名，完成合同签署。

（7）合同签署后，平台自动生成数据文本并进行备案留存，禁止任何一方无痕修改。

此外，平台对电子合同的服务内容还包括电子合同的提醒、分类、归档、查询和检索等，这使合同的存储、查看和下载更加安全、便捷和高效。目前这样的操作对中小企业的人力资源管理并没有起到减压的作用。尤其是生产企业，很多工人只会签自己的名字，对于实名认证等其他烦琐操作往往不熟悉或根本不会。

电子劳动合同的成本也不可忽视。目前，从第三方平台的投入看，企业或员工签署电子劳动合同时的效率等综合下来远不如纸质的成本经济可控。

电子劳动合同的效率也是个问题。对招聘并不频繁的中小企业，电子劳动合同的价值像线上办公一样成了鸡肋，明明可以面对面解决的事为何一定要线上解决？电子劳动合同比较适合某些群体，如外派人员。

管理实践中，企业要善于利用电子劳动合同。除了成本、效率考量，在避免劳动纠纷方面，电子劳动合同的作用更直接，尤其是对于冒名签订合同、私自修改合同等现实问题。目前，电子劳动合同还只是单一形式地存在，并未体现审核功能，也没有与社保缴纳等内容有效链接，这不得不说是个遗憾。

【管理箴言】

电子化、互联网化和智能化是企业管理趋势，企业管理要认清发展趋势，适时跟进。当然，企业应当根据管理实际和自身特点，有选择地推进企业管理电子化、互联网化和智能化。

用关联公司签订劳动合同，合法方式掩不住非法目的

【管理场景】

> 京华公司注册了一家新公司，管理者要求以后对外都用新公司对接。因此，公司员工的劳动合同需要以新公司的名义重新签订。这种情况要怎样做才不违法呢？公司解约时计算经济补偿金，需要加上员工在老公司的工龄吗？

【问题分析】

在考虑劳动合同问题之前，我们有必要了解什么是关联企业。

关联企业，是指与其他企业之间存在直接或间接控制关系或重大影响关系的企业。相互之间具有联系的各企业互为关联企业。

《中华人民共和国企业所得税法实施条例》中所称关联方，是指与企业有下列关联关系之一的企业、其他组织或者个人：

（1）在资金、经营、购销等方面，存在直接或者间接的拥有或者控制关系；

（2）直接或者间接地同为第三者所拥有或者控制；

（3）其他在利益上具有相关联的关系。

摸爬滚打多年的职场人，大多经历过莫名其妙地接到通知，要求转岗到新公司，然后配合公司要求签署新的劳动合同。他们在看到职位、薪资、工作内容、工作地点都未变化，甚至连发薪主体和社保主体都完全一致时，想也不想就答应了。

既然任何要素都没变，管理者为什么这样来回折腾？日后最容易出问题的环节，就是劳动合同解除。

劳动合同解除书的性质影响工龄是否能够连续计算，进而影响能否拿到相应合理的经济补偿金或赔偿金。关于解除原因，能写"因业务发展需要"的企业算是良心企业，大多数企业一般会写"经协商一致"。而写成个人原因的劳动合同明显存在欺诈性质。

对于合同能否连续计算，这牵扯到无固定期限合同问题。无固定期限劳动合同的签订条件包括两个要素：在该用人单位连续工作满十年的，或连续签订二次固定期限劳动合同的。当然，还有一些特殊环境下的触发条件，如一年不签订合同、或国企改制时劳动者在该用人单位连续工作满十年且距离法定退休年龄不足十年的。

案例中企业的管理者这样做的用意是什么？这不正是典型的换签吗？难道管理者是为了避免签订固定期限劳动合同而换签？实际上，换签劳动合同并不能达到任何非法目的！

《劳动合同法》及司法实践中有下列行为的，劳动者签订固定期限劳动合同和工作年限的次数仍应连续计算：

（1）为减少计算劳动者的工龄，迫使劳动者与其解除或终止劳动合同后重新与其签订劳动合同的；

（2）通过设立关联用人单位，在与劳动者签订合同时交替变换用人单位名称的；

（3）仅就劳动合同的终止期限进行变更，用人单位无法做出合理解释的；

（4）采取注销原单位、设立新单位的方式，将劳动者重新招到新单位，且单位经营内容与劳动者的工作地点、工作内容均没有实质性变化的；

（5）其他明显违反诚信和公平原则的规避行为。

很显然，企业要么连续计算工龄，要么按法规给予经济补偿金。当然，合同签订次数也必须连续计算。

【管理箴言】

实践中，很多企业让劳动者自愿解除劳动合同，或以劳务雇用关系替代劳动雇用关系，或通过挂靠经营方式成为业务合作关系……用合法方式掩盖非法目的。司法实践中，用人单位为规避《劳动合同法》第十四条而采取的行为是无效的，劳动者的工作年限和签订固定期限劳动合同的次数应连续计算。

学历造假属欺诈行为，但不一定能解除劳动合同

【管理场景】

宏达公司入职了一名设计人员，他在试用期的表现达到了部门的要求，即将准备转正。这时，有员工举报该设计人员的学历有问题。HR重新核验后发现的确存在学历造假。经过沟通，该设计人员承认没有本科学历，只是中专毕业，之前的学历证书是伪造的。但是，公司招聘标准明确表明不招聘大专以下学历。面对HR的调查，设计人员希望公司能够给予一次机会。在这种情况下，企业能否解除劳动关系呢？

【问题分析】

提到学历造假问题，我们一般会想到《劳动合同法》的两个条款。

第二十六条规定，下列劳动合同无效或者部分无效：（一）以欺诈、胁

迫的手段或者乘人之危，使对方在违背真实意思的情况下订立或者变更劳动合同的。

第三十九条规定，劳动者有下列情形之一的，用人单位可以解除劳动合同：因本法第二十六条第一款第一项规定的情形致使劳动合同无效的。

实际上，劳动者隐瞒情况签订合同，被用人单位发现后解除合同的并不少见。用人单位能否以劳动者隐瞒真实情况、不诚实或以欺诈手段签订劳动合同而解除劳动关系，在实践中也是分情况对待的。

（1）如果用人单位的规章制度有相关规定，且该规定不违反法律法规，则可按照该规章制度处理。

（2）如果劳动者隐瞒的内容正是用人单位招聘必须排除的条件，则可视为以欺诈手段签订的合同，该合同自始无效，用人单位可以随时解除合同，且不支付经济补偿金。

（3）如果用人单位排除的条件行为违背社会公序良俗、违背法律规定，则劳动者隐瞒该不利条件签订合同，合同签订后发生法律效力，用人单位并不能随意解除。

原则就是底线，底线不能突破。每家企业都有自己的价值观底线，对于触碰了底线的行为，则是零容忍。

不同的企业，以及企业的不同阶段，价值观是有弹性、有差别的。如果企业的价值观底线是诚实守信，那么对于学历造假的员工必须予以清除。

如果企业的价值导向是业绩数据，那么学历造假并非不可原谅。毕竟，文凭与能力、文凭与价值并非绝对关联，学历造假与人品、能力与品行也不能划等号。有时一个对学历造假的人会更珍惜这次机会，会加倍努力创造更多价值回报企业。

员工在学历上造假，企业能不能解除劳动合同，不能一概而论。如果不能提供证据证明学历是企业决定录用的重要因素，以员工的学历虚假问

25

题主张劳动合同无效或提出解除，依据不足，解除合同有违法律。

在实际操作中，企业可以通过下列文件形成相应的证据。

（1）以书面形式明确需要了解的情况是什么，让拟录用员工详细填写与工作相关的信息。

（2）在书面文件中必须明确，企业招用该员工是基于以上信息的真实性与准确性，如有虚假，即构成欺诈。

（3）在书面文件中需要劳动者填写的内容必须由劳动者手写填入，并最终亲笔签字确认。

【管理箴言】

企业在招聘中对求职者的学历、专业、证书和从业经历等提出明确要求，该要求系企业发出的签订劳动合同的要约，求职者提交求职资料是对要约进行承诺。求职者对企业有明确要求的项目做隐瞒或虚假陈述的，企业基于其虚假陈述而签订劳动合同的，司法实践中会认定为因欺诈致企业违背真实意思，从而劳动合同无效。

入职管理相关法条

【劳动法】（2018）

第十六条　劳动合同是劳动者与用人单位确立劳动关系、明确双方权利和义务的协议。

建立劳动关系应当订立劳动合同。

第十七条　订立和变更劳动合同，应当遵循平等自愿、协商一致的原则，不得违反法律、行政法规的规定。

劳动合同依法订立即具有法律约束力，当事人必须履行劳动合同规定的义务。

第十八条　下列劳动合同无效：

（一）违反法律、行政法规的劳动合同；

（二）采取欺诈、威胁等手段订立的劳动合同。

无效的劳动合同，从订立的时候起，就没有法律约束力。确认劳动合同部分无效的，如果不影响其余部分的效力，其余部分仍然有效。

劳动合同的无效，由劳动争议仲裁委员会或者人民法院确认。

第十九条　劳动合同应当以书面形式订立，并具备以下条款：

（一）劳动合同期限；

（二）工作内容；

（三）劳动保护和劳动条件；

（四）劳动报酬；

（五）劳动纪律；

（六）劳动合同终止的条件；

（七）违反劳动合同的责任。

劳动合同除前款规定的必备条款外，当事人可以协商约定其他内容。

第二十条　劳动合同的期限分为有固定期限、无固定期限和以完成一定的工作为期限。

劳动者在同一用人单位连续工作满十年以上，当事人双方同意延续劳动合同的，如果劳动者提出订立无固定期限的劳动合同，应当订立无固定期限的劳动合同。

第二十一条　劳动合同可以约定试用期。试用期最长不得超过六个月。

【劳动合同法】（2012）

第七条　用人单位自用工之日起即与劳动者建立劳动关系。用人单位应当建立职工名册备查。

第八条　用人单位招用劳动者时，应当如实告知劳动者工作内容、工作条件、工作地点、职业危害、安全生产状况、劳动报酬，以及劳动者要求了解的其他情况；用人单位有权了解劳动者与劳动合同直接相关的基本情况，劳动者应当如实说明。

第九条　用人单位招用劳动者，不得扣押劳动者的居民身份证和其他证件，不得要求劳动者提供担保或者以其他名义向劳动者收取财物。

第十条　建立劳动关系，应当订立书面劳动合同。

已建立劳动关系，未同时订立书面劳动合同的，应当自用工之日起一个月内订立书面劳动合同。

用人单位与劳动者在用工前订立劳动合同的，劳动关系自用工之日起建立。

第十一条　用人单位未在用工的同时订立书面劳动合同，与劳动者约定的劳动报酬不明确的，新招用的劳动者的劳动报酬按照集体合同规定的标准执行；没有集体合同或者集体合同未规定的，实行同工同酬。

第十二条　劳动合同分为固定期限劳动合同、无固定期限劳动合同和以完成一定工作任务为期限的劳动合同。

第十三条　固定期限劳动合同，是指用人单位与劳动者约定合同终止时间的劳动合同。

用人单位与劳动者协商一致，可以订立固定期限劳动合同。

第十四条　无固定期限劳动合同，是指用人单位与劳动者约定无确定终止时间的劳动合同。

用人单位与劳动者协商一致，可以订立无固定期限劳动合同。有下列情形之一，劳动者提出或者同意续订、订立劳动合同的，除劳动者提出订立固定期限劳动合同外，应当订立无固定期限劳动合同：

（一）劳动者在该用人单位连续工作满十年的；

（二）用人单位初次实行劳动合同制度或者国有企业改制重新订立劳动合同时，劳动者在该用人单位连续工作满十年且距法定退休年龄不足十年的；

（三）连续订立二次固定期限劳动合同，且劳动者没有本法第三十九条和第四十条第一项、第二项规定的情形，续订劳动合同的。

用人单位自用工之日起满一年不与劳动者订立书面劳动合同的，视为用人单位与劳动者已订立无固定期限劳动合同。

第十五条 以完成一定工作任务为期限的劳动合同，是指用人单位与劳动者约定以某项工作的完成为合同期限的劳动合同。

用人单位与劳动者协商一致，可以订立以完成一定工作任务为期限的劳动合同。

第十六条 劳动合同由用人单位与劳动者协商一致，并经用人单位与劳动者在劳动合同文本上签字或者盖章生效。

劳动合同文本由用人单位和劳动者各执一份。

第十七条 劳动合同应当具备以下条款：

（一）用人单位的名称、住所和法定代表人或者主要负责人；

（二）劳动者的姓名、住址和居民身份证或者其他有效身份证件号码；

（三）劳动合同期限；

（四）工作内容和工作地点；

（五）工作时间和休息休假；

（六）劳动报酬；

（七）社会保险；

（八）劳动保护、劳动条件和职业危害防护；

（九）法律、法规规定应当纳入劳动合同的其他事项。

劳动合同除前款规定的必备条款外，用人单位与劳动者可以约定试用期、培训、保守秘密、补充保险和福利待遇等其他事项。

第十八条 劳动合同对劳动报酬和劳动条件等标准约定不明确，引发争议的，用人单位与劳动者可以重新协商；协商不成的，适用集体合同规定；没有集体合同或者集体合同未规定劳动报酬的，实行同工同酬；没有集体合同或者集体合同未规定劳动条件等标准的，适用国家有关规定。

第十九条 劳动合同期限三个月以上不满一年的，试用期不得超过一个月；劳动合同期限一年以上不满三年的，试用期不得超过二个月；三年以上固定期限和无固定期限的劳动合同，试用期不得超过六个月。

同一用人单位与同一劳动者只能约定一次试用期。

以完成一定工作任务为期限的劳动合同或者劳动合同期限不满三个月的，不得约定试用期。

试用期包含在劳动合同期限内。劳动合同仅约定试用期的，试用期不成立，该期限为劳动合同期限。

第二十条 劳动者在试用期的工资不得低于本单位相同岗位最低档工资或者劳动合同约定工资的百分之八十，并不得低于用人单位所在地的最低工资标准。

第二十一条 在试用期中，除劳动者有本法第三十九条和第四十条第一项、第二项规定的情形外，用人单位不得解除劳动合同。用人单位在试用期解除劳动合同的，应当向劳动者说明理由。

第二十二条 用人单位为劳动者提供专项培训费用，对其进行专业技术培训的，可以与该劳动者订立协议，约定服务期。

劳动者违反服务期约定的，应当按照约定向用人单位支付违约金。违约金的数额不得超过用人单位提供的培训费用。用人单位要求劳动者支付的违约金不得超过服务期尚未履行部分所应分摊的培训费用。

用人单位与劳动者约定服务期的，不影响按照正常的工资调整机制提高劳动者在服务期期间的劳动报酬。

第二十三条 用人单位与劳动者可以在劳动合同中约定保守用人单位的商业秘密和与知识产权相关的保密事项。

对负有保密义务的劳动者，用人单位可以在劳动合同或者保密协议中与劳动者约定竞业限制条款，并约定在解除或者终止劳动合同后，在竞业限制期限内按月给予劳动者经济补偿。劳动者违反竞业限制约定的，应当按照约定向用人单位支付违约金。

第二十四条 竞业限制的人员限于用人单位的高级管理人员、高级技术人员和其他负有保密义务的人员。竞业限制的范围、地域、期限由用人单位与劳动者约定，竞业限制的约定不得违反法律、法规的规定。

在解除或者终止劳动合同后，前款规定的人员到与本单位生产或者经营同类产品、从事同类业务的有竞争关系的其他用人单位，或者自己开业生产或者经营同类产品、从事同类业务的竞业限制期限，不得超过二年。

第二十五条 除本法第二十二条和第二十三条规定的情形外，用人单位不得与劳动者约定由劳动者承担违约金。

第二十六条 下列劳动合同无效或者部分无效：

（一）以欺诈、胁迫的手段或者乘人之危，使对方在违背真实意思的情况下订立或者变更劳动合同的；

（二）用人单位免除自己的法定责任、排除劳动者权利的；

（三）违反法律、行政法规强制性规定的。

对劳动合同的无效或者部分无效有争议的，由劳动争议仲裁机构或者人民法院确认。

第二十七条 劳动合同部分无效，不影响其他部分效力的，其他部分仍然有效。

第二十八条 劳动合同被确认无效，劳动者已付出劳动的，用人单位应当向劳动者支付劳动报酬。劳动报酬的数额，参照本单位相同或者相近岗位劳动者的劳动报酬确定。

入职管理相关工具

【入职通知书】

尊敬的 ××× 先生 / 女士：

我们很荣幸地通知您，×× 公司将正式录用您，聘用时间从 ×× 年 ×× 月 ×× 日至 ×× 年 ×× 月 ×× 日止。相关录用事宜通知如下。

（1）您的工作职位是 ××，工作地点：××。

（2）您所属岗位薪资标准试用期为 ×× 元 / 月，公司将在次月 10 日前发放您的薪资，节假日提前至节假日前最后 1 个工作日发放。薪资属于公司的商业机密，请勿泄露。违反者一经发现，公司有权撤销本入职通知书，终止聘用或解除劳动合同。

（3）公司将根据法律法规和公司制度提供社会保险、带薪年假等各项福利。具体要求，入职后详见员工手册相关内容。

（4）公司将与您签订合同期限为 ×× 年，试用期 ×× 个月。

（5）报到地址：××；联系电话：××-××××；联系人：×× 女士。

（6）报到时携带资料：

□ 身份证原件及复印件

□ 毕业证书、学位证书原件及复印件

□ 资格 / 职称证书原件及复印件

□ 4 张一寸免冠照片

□ 离职证明原件

（7）本通知书一式两份，其中一份由本人保管，一份由公司人力资源部门备案。

收到本通知书后，请以邮件方式回复确认。本录用邀约在 ×× 年 ×× 月 ×× 日前确认有效。若不能按规定时间报到并办理入职，应提前与人力资源部门联系人说明未能按期报到的原因，公司将保留最终录用决定权。

衷心欢迎您加入 ×× 公司，公司将为您提供一个施展才华的舞台！

×× 公司人力资源部

年　月　日

【入职登记表】

录用部门		录用岗位		入职时间		照片
姓名		性别		出生日期		
民族		政治面貌		健康状况		
籍贯		身高		体重		
最高学历		毕业院校及专业				
职称及资格						
身份证号		婚育状况	□ 未婚 □ 已婚，子女　个 □ 离异，子女　个			
户籍地址		家庭住址				
联系方式	电话：	微信：		邮箱：		
紧急联系人		关系		联系方式		
学习履历（由高到低，高中以后）						
起止时间		学校		专业		学历

（续表）

年 月—— 年 月			
年 月—— 年 月			
年 月—— 年 月			

工作履历（由近到远）			

起止时间	单位名称	部门	岗位
年 月—— 年 月			
主要职责		直接上级及电话	
		月收入	
		离职原因	

起止时间	单位名称	部门	岗位
年 月—— 年 月			
主要职责		直接上级及电话	
		月收入	
		离职原因	

起止时间	单位名称	部门	岗位
年 月—— 年 月			
主要职责		直接上级及电话	
		月收入	
		离职原因	

家庭主要成员			
称谓	姓名	工作单位或家庭住址	联系电话

个人承诺
（1）本人已经与原用人单位解除劳动合同，否则，因此给新单位造成损失的（包括但不限于新单位对本人原单位的赔尝、律师费、诉讼／仲裁费等），新单位有权要求本人承担赔偿责任。
（2）本人保证以上提供的资料均属实，授权公司可以就此展开背景调查。本人明白如提供虚假资料、虚假证明或虚假经历，造成的后果与公司无关，本人将接受公司无条件解除劳动合同。
（3）本表中登记的本人和紧急联系人联系方式等为公司与本人联系的法定联系方式，任何一项发生变动，本人将在变动之日起三日内书面通知公司变动，否则导致公司相关法律文件无法送达的，本人同意视为送达并承担相应的法律责任。
（4）本人授权公司合法使用本人上述信息用于背景调查和劳动关系管理等企业管理。 承诺人：　　　　　　年　月　日

【 试用期跟踪表 】

姓名		部门		岗位		直接上级	
第一周跟踪情况							
企业文化及制度学习							
岗位职责及规范学习							
周内行为及工作结果							
问题及建议							
需要提供的帮助							
下周工作计划及目标							
其他							
员工确认			直接上级确认				
第二周跟踪情况							
周内行为及工作结果							
人际关系							
问题及建议							
需要提供的帮助							

（续表）

下周工作计划及目标				
其他				
员工确认		直接上级确认		
第 N 周跟踪情况				
周内行为及工作结果				
人际关系				
问题及建议				
需要提供的帮助				
下周工作计划及目标				
其他				
员工确认		直接上级确认		
试用期综合评定	直接上级　　　　年　月　日			
员工意见	员工　　　　年　月　日			

第 2 章

在职管理

对于员工频繁请假，要用管理思维平衡双方利益

【管理场景】

员工频繁请假，管理者发现后很不满。海问公司规定两天以内的假期由员工申请、部门经理审批后，抄送人力资源部记录备案。HR建议部门经理严格审批，降低频率。部门经理认为，员工请假事由正常，没法拒绝，并建议人力资源部修改考勤制度。随后，人力资源部修订了请假规定，审批需要更高级别的领导批准，同时限制每月的事假天数。然而，制度遭到员工抵制，问题也没有从根本上得到解决。

【问题分析】

白岩松曾说过，当一家公司开始强调考勤打卡的时候，可能已经开始走下坡路了。企业是为了获取利润，还是为了完美管理而存在？

国家对企业职工在什么情况下可以请事假，以及请事假的工资待遇问题等没有做出统一规定，企业可根据具体情况自行制定。而管理者为什么热衷于考勤？因为身边没有人能够接替工作，所以管理者只能采取人盯人的管理模式。

HR接到管理者的命令后立刻执行，看似高效，其实是典型的事务型思维：管理者让做什么就做什么，从来不考虑为什么做、想达到哪种效果。

HR要进行分析：请假频繁是突发现象，还是老生常谈？前者可能只是单纯的请假，后者请假往往只是表象。

如果是后一种情况，贸然去抓请假，无论结果如何，管理者都不会满意。管理者的直接需求是减少请假频率，对此HR必须拿出具体方案，而不

是出结果后再汇报。

如果在调查后形成书面调研报告，分析每个部门的请假频率变动曲线，就很容易促成与管理者和部门经理的直接对话。

如果 HR 在与部门经理沟通时，适当提醒管理者对请假的重视，挖掘管理者的潜在需求，把请假频繁与业绩下滑关联起来，这样在解决请假频繁问题的同时也充分体现了 HR 的价值。

在解决请假频繁问题时，HR 可适当换位思考，考虑各种结果对部门经理的影响。有时候，请假是部门经理给员工的隐性福利，给部门经理留一些回旋的余地，将会皆大欢喜。

案例中 HR 找部门经理，本意是通过加强审核降低请假频率，结果却采纳了部门经理的建议，通过修改考勤制度来解决问题。

对于如何降低请假频率，HR 并没有成型的方案：管理者让做就做，没有分析背后的逻辑；部门经理让修改制度流程说改就改，不考虑前因后果……结果问题没有解决、只是将矛盾转移给了更高级别的领导。

部门经理认为员工有正当理由请假，他没办法拒绝。这是不是说理由成立就一定审批通过？要不要首先考虑企业生产的需要？ HR 要关注的不是请假本身，而是请假背后暴露的问题。

案例中，对于频繁请假这件事，部门经理缺少担当，不能通过管理动作去影响员工。HR 不能就事论事，而是要将频繁请假上升到战略与目标的落地上。如果部门业绩不理想，谁还能理直气壮地请假？这种关联会更容易得到管理者的支持。

如果对部门设置出勤率考核指标，请假不再是个人行为，而是影响部门的整体绩效得分，那么请假频繁的人就很容易因为利益关系站到整个部门的对立面。这时再谈如何降低请假频率，是不是更容易？

【管理箴言】

　　频繁请假、怠工、员工无征兆离职等现象发生时，人力资源管理者应审慎思考背后深层次的原因，不能一味地用强化制度的手段解决问题；只有深入了解员工非正向行为背后的原因，才能通过管理制度优化、激励手段调整等实现管理目的。切记，不能为了达到领导的要求而盲目采取管理措施，领导往往要的不是措施改变，而是效果改变。

平级调岗，不一定要征得本人同意

【管理场景】

　　由于经营不善，五岳公司一直持续亏损，到 2022 年上半年情况仍未好转。为了降低公司运营成本，从 6 月开始，公司领导要求按名单减员。大部分员工都主动提交了离职申请，但仍有少部分员工拒绝主动离职。公司想对这类员工进行平级调岗，例如，把行政文员调到工程部做文员，薪酬不变，员工却直接拒绝。那么，如果是平级调岗后薪资不变，需要征得员工同意吗？

【问题分析】

　　在员工胜任岗位的前提下，企业调岗需要和员工协商一致，变更劳动合同约定的内容。除协商一致以外，企业也有权单方面调岗。

　　如果用人单位调整劳动者的工作岗位，同时符合以下情形的，视为用

人单位合法行使用工自主权

（1）调整劳动者的工作岗位是用人单位生产经营的需要；

（2）调整工作岗位后劳动者的工资水平与原岗位基本相当；

（3）不具有侮辱性和惩罚性；

（4）无其他违反法律法规的情形。

法定调岗是一种常见现象。当劳动者患病或者非因工负伤，在规定的医疗期满后不能从事原工作时，用人单位可以进行调岗，并不需协商一致。

把行政文员调到工程部做文员，属于哪种调岗行为？很显然，不是法定调岗。如果不能协商一致，是否能单方面调岗？

对调岗最通俗的理解，就是变更双方的劳动合同内容，即用人单位在劳动合同履行过程中，根据法定或约定情形的出现，通过协商达成合意或以单方面的意思表示对劳动者的工作岗位、薪酬标准及职务级别等劳动合同内容进行变更。

在调岗操作环节，除协商一致外，非常依赖管理环境。因此，HR 有必要建立完整的岗位、职务结构体系，建设岗位职责制度，形成岗位职责说明，明确每个工作岗位的职责及权限，作为对员工调岗的有效依据。

实际上，大多数用人单位的劳动合同对调岗的说明都只是一笔带过，内容几乎没有可操作性。因为规定过于笼统，在员工有异议的情况下，企业要证明调岗的必要性、合理性，通常难以举证。

在没有约定或约定不明的情况下，调岗就是变更了劳动合同中对岗位的约定必须经双方协商一致。而如果员工认为新岗位对自己不利，往往会拒绝。

企业可进行劳动合同条款设计，将调岗这一行为的性质从"合同变更"变为"合同履行"，即在劳动合同中做出相关的明确约定，当一定条件达成时可以依据该约定进行岗位调整，无须另行征得员工同意。

调岗属于变更劳动合同的法律行为，一经做出就会对双方的权利义务产生影响。操作不当，很容易出现以下法律风险。

（1）无正当理由、证据不足及违反约定程序的情况下进行调岗将不受法律保护，员工有权要求按原劳动合同约定继续履行或以用人单位未按劳动合同约定提供劳动条件为由主张解除劳动合同的经济补偿金。

（2）用人单位的调整行为虽合法，但明显超出合理的范畴，员工有权要求撤销用人单位的调整处理决定，并按原合同约定继续履行劳动合同或以用人单位未按劳动合同约定提供劳动条件为由主张解除劳动合同的经济补偿金。

调岗的核心不在于是否平级调岗，而在于是否合理。例如，行政文员调岗到工程部文员是否成立，关键在于对合理性的判定上。

这里所说的调岗合理性在《劳动法》体系中并无明确的定义或清晰的边界。因此，裁判机关对此有较大的自由裁量权。如果调岗方案被认定不合理，则将影响到后续用人单位对员工拒不履行新职而进行纪律处罚的合法性问题。以下为裁判机关裁决调岗方案的合理性时考量的一些方面：

（1）新岗位与劳动者所学专业的匹配性；

（2）新岗位与劳动者工作经历的匹配性；

（3）新岗位的工作地点是否足以影响员工日常生活的时间安排，或虽影响但是否提供一定的交通便利条件或福利；

（4）新岗位不应具备惩罚或侮辱性质；

（5）新岗位的工资待遇应当适度调整，且必须符合用人单位的岗位职级与薪资标准的对应体系；

（6）新岗位的工作条件、工作强度是否适应劳动者的身体状况；

（7）新工作岗位与原工作岗位属于同一个用人单位主体。

【管理箴言】

> 调岗在严格意义上属于劳动合同变更，关键看劳动合同中是否明确了相关岗位及企业其他管理制度是否合法有效。对于劳动合同中未明确约定具体岗位的，例如，案例中劳动合同仅仅约定文员岗位的，司法实践中只要待遇相当、工作内容差异性不大，相同文员岗位是可以进行调岗的。当然，企业也可以在管理制度中约定基于人才发展的轮岗机制，这种情况下对相应岗位的调岗就属于合法的企业用人自主权。

试用期遇上医疗期，可否考虑劳动合同中止

【管理场景】

> 爱旭公司是一家小型宠物诊所，李姐入职出纳岗仅两个月后因患病一直住院治疗，无法正常出勤。看到该员工的试用期即将到期，管理者询问能否以试用期无法转正为由解除劳动合同。作为 HR，请问企业能否对在试用期患病的员工解除劳动合同？非负伤原因导致试用期无法考核，企业是否可以推迟转正？面对这种情况，最好的处理方法是什么？

【问题分析】

根据《企业职工患病或非因工负伤医疗期规定》，医疗期是指企业职工

因患病或非因工负伤停止工作治病休息不得解除劳动合同的时限。

医疗期的长短依据劳动者实际参加工作年限和在本单位工作年限的长短进行确定，期限为 3 ~ 24 个月。一个刚入职的新员工，至少也享有三个月的医疗期。

试用期遇上医疗期，管理者想找个理由解除劳动合同，成功的概率有多大？ HR 从医疗期的定义可以得出结论：医疗期内无法解除劳动合同。

管理者询问能否以试用期无法转正为由解除劳动合同，其中的重点在于是如何转正，还是快速解除劳动合同。其实，HR 并没有了解管理者的完整需求，因此才会发问到底该如何解除劳动合同或能否推迟转正。

在医疗期内，解除劳动合同已经成为不可能。HR 应该抓住主要矛盾，聚焦在试用期能否延长上。

《劳动合同法》第十九条规定：劳动合同期限三个月以上不满一年的，试用期不得超过一个月；劳动合同期限一年以上不满三年的，试用期不得超过二个月；三年以上固定期限和无固定期限的劳动合同，试用期不得超过六个月。

员工在入职两个月后因病住院，管理者担心其试用期即将结束，可以推测该员工的试用期很可能是三个月。如果想延长试用期，就要重新约定试用期，并且累计不能超过六个月。显然，这又与"同一用人单位与同一劳动者只能约定一次试用期"相悖，构成违法约定试用期。由此可见，延长试用期是有风险的。

退一步讲，即使员工试用期延长到六个月，医疗期结束后可能试用期也随之结束，用人单位无法对员工进行全方位的考核，完全背离了约定试用期的初衷。因此，以上关于试用期延长的讨论并没有任何实践价值。

换一个思路，劳动合同中止比试用期延长更符合实际情况，这样既弱化了企业与员工之间可能存在的对抗，又能弥补 HR 在招聘标准、试用期管理等方面的不足。

由于《劳动法》和《劳动合同法》对医疗期标准都未做具体规定，因此全国各地执行的标准不一。《江苏省劳动合同条例》第三十条规定，有下列情形之一的，劳动合同中止履行：

（一）经双方当事人协商一致的；

（二）劳动者因涉嫌违法犯罪被限制人身自由的；

（三）劳动合同因不可抗力暂时不能履行的；

（四）法律、法规规定的其他情形。

劳动合同中止与劳动合同解除存在很大的区别。劳动合同解除，双方就没有了权利和义务，也不必根据合同的规定实施行为。但是，劳动合同中止，还存在劳动合同恢复的情况，所以权利和义务也只是暂时中止。

中止有一定的期限，但期限的长短取决于中止的原因。多数情况下，劳动合同中止的期限有上限，但没有下限。劳动合同中止的期限最长不超过 5 年。

都说离职是做企业文化的最佳时机。实际上，试用期员工对企业的人性化措施感触更深。对于企业而言，在员工医疗期内考虑该不该转正，能不能解除劳动合同，不如做好员工关怀，体现企业的担当和管理的温度。

【管理箴言】

无论劳动者是处在试用期，还是试用期满转为正式，其与企业均是建立了合法有效的劳动关系，有权享受医疗期。在试用期间被证明不符合录用条件的，用人单位可以解除劳动合同。不符合录用条件可以包含身体状况，但在解除劳动合同时应确保员工在合法享受医疗期待遇后才能解除。

员工违反竞业限制约定时，执行标准成难题

【管理场景】

畅联是一家做软件开发的公司，新员工在入职时都要求签订《竞业限制协议》。协议约定员工离职后，两年内不得在竞争对手公司从事相关工作，否则将承担 20 万元违约金，但是协议中没有明确具体的竞业限制补偿金。

研发部有一位工程师离职后去了一家竞争对手公司，畅联公司打算追究他的法律责任，让 HR 出面处理。这种情况该如何处理呢？

【问题分析】

竞业限制并不适用于所有人。根据《劳动合同法》第二十四条第一款之规定，竞业限制仅限于三种人员：①高级管理人员；②高级技术人员；③其他负有保密义务的人员。研发部工程师可归于其他负有保密义务的人员。

竞业限制有明确的期限限制。《劳动合同法》第二十四条第二款规定，竞业限制的期限不得超过二年。

竞业限制的补偿金是竞业限制的焦点问题。《劳动合同法》第二十三条第二款规定，在解除或者终止劳动合同后，用人单位应当按月向劳动者支付经济补偿，具体补偿数额可以由双方协议约定。

对于未约定经济补偿金的竞业限制协议，劳动者履行了竞业限制义务的，可以要求用人单位按照劳动者在劳动合同解除或者终止前十二个月平均工资的 30% 且不低于当地最低工资标准按月支付经济补偿金；月平均工资的 30% 低于劳动合同履行地最低工资标准的，按照劳动合同履行地最低工资标准支付。

法律规定用人单位应当在竞业限制期限内按月给予劳动者经济补偿,如果用人单位不按约定支付经济补偿,将属于违约行为。但是,用人单位的违约行为是否导致竞业限制协议无效,劳动者是否还需要履行竞业限制义务?

从法律规定上看,《劳动合同法》没有给出明确的规定,而一些地方性法规、规范性文件和司法解释对此做出了不同的规定。

(1)用人单位未按照约定给予劳动者经济补偿的,约定的竞业限制条款对劳动者不具有约束力(《江苏省劳动合同条例》第十七条)。

(2)企业违反竞业限制协议,不支付或者无正当理由拖欠补偿费的,竞业限制协议自行终止(《宁波市企业技术秘密保护条例》)。

(3)用人单位未按照前款规定支付经济补偿的,劳动者自用人单位违反约定之日起三十日内,可以要求用人单位一次性支付尚未支付的经济补偿,并继续履行协议;劳动者未在三十日内要求一次性支付的,可以通知用人单位解除竞业限制协议(《深圳经济特区和谐劳动关系促进条例》第二十条)。

当事人在劳动合同或者保密协议中约定了竞业限制,但未约定解除或者终止劳动合同后给予劳动者经济补偿,劳动者履行了竞业限制义务,要求用人单位按照劳动者在劳动合同解除或者终止前十二个月平均工资的30%按月支付经济补偿的,人民法院应予以支持。

因地域不确定,竞业限制条款对劳动者是否具有约束力无法定论,企业想从竞业限制方面对员工追责的难度依然很大。

在签署竞业限制的员工离职后,企业必须按约定支付竞业限制经济补偿金;否则,员工不履行竞业限制义务,会让企业陷入被动。

竞业限制并不是万能的。企业与员工签订竞业限制条款时,可同时签订《保密协议》。这样如果真发生上述情形,企业虽然不能要求员工承担竞业限制的违约责任,但如果该员工去了竞争对手那里而泄露商业秘密,有竞争关系的企业知道是泄露的商业秘密仍然使用的,企业可以将使用该商业秘密的企业与该员工作为共同被告，起诉要求赔偿因其侵犯商业秘密导致企业的损失，以维护企业的合法权益。

【管理箴言】

竞业限制由用人单位与劳动者约定其范围、地域、期限，但约定不得违反法律、法规的规定。如果竞业限制员工离职后入职的新单位没有明确列入竞业协议，司法实践一般会以劳动者入职的新单位与原单位是否有竞争关系，或者两家单位是否生产或经营同类产品来确定劳动者是否违反竞业协议。司法实践中，竞业限制违约金依法由当事人自由约定，既可以约定劳动者违反竞业限制义务的违约金，也可以约定用人单位未按期支付经济补偿的违约金。而且，法律对该项违约金的上限及下限均无强制性规定。如果约定的违约金标准过分高于或者低于实际损失，则考虑以实际损失为基础，兼顾协议的履行情况、当事人的过错程度及预期利益等综合因素，根据公平原则和诚实信用原则予以调整。具体考量因素还包括竞业限制协议签订的时间、劳动者原职务、收入情况、未履约期限、补偿金是否支付及支付的数额等。

员工集体拒绝加班时，标本兼治是上策

【管理场景】

制造型企业春风公司执行的是标准工时制度，随着旺季到来，订单较多，因此要求生产车间员工在正常工作日晚上及周六、周日加班。

生产车间员工却因为工资待遇、奖金、未享有带薪年休假等问题对公司抵触很大。员工与公司管理层进行了多次沟通，尚未有结果。现在关键工序车间人员集体拒绝加班，并且持续了一段时间，已经给公司带来了严重的经济损失。这种情况该如何解决，以便尽快恢复正常生产呢？

【问题分析】

同样的人，不同的制度，会产生不同的文化和氛围，以及差距巨大的结果。加班已经是职场最常见的现象之一。过去是"有时加班、有事加班"，现在已经到了越来越卷的地步。

有的企业底薪固定且偏低，想要高收入完全依赖加班，这使员工对加班普遍抱有一种矛盾的心态。但是，不少员工对加班并不排斥，甚至愿意抢着加班。而"不许加班"则是对员工行之有效的惩罚措施，大多数人虽然抗拒加班，却又放不下、离不开。

制造型企业，标准工时制度，因旺季订单多要求加班，并且正常支付加班费，这已经是行业常规操作。

案例中的公司员工因工资待遇、奖金、未享有带薪年休假等问题，与公司抵触很大。员工也与公司管理层进行了沟通，尚未有结果。现在关键工序车间人员集体拒绝加班，并且已持续了一段时间，给公司造成了很大的损失。这是老账、新账一起算，员工趁着生产需求量大，提出各种合理的或不合理的要求。显然，除了加班费，还必须满足一些附加条件。

员工集体拒绝加班，堵不如疏。堵只会让冲突升级，只有合理疏导，才能弱化矛盾。加班制度必须合理：一是时间合理，二是加班费合理。

员工拒绝加班，并非完全不在乎加班费，而是想通过抗拒加班来达到增加待遇、奖金、年休假的目的。员工对企业的价值是有差异的，稳定贡献大的员工，是减少企业损失必须做的事。因此，通过支付加班费，让骨干员工拿得更多，从而起到分流的效果。

员工拒绝加班，最直接的影响是订单完成时间滞后，企业经济利益受损，间接影响到信誉口碑。企业可以算一算总账，计较这点加班费是否值得。在不影响生产的前提下，年休假也可以谈，工资待遇则需要有策略地覆盖。员工虽然提了一大堆要求，有时并没想要全部落实。当企业行为超出员工心理预期时，加班还是问题吗？

情理法结合，让员工尽快加班，恢复生产，也只是救急，并不治本。要想根治，还需要综合调理。

【管理箴言】

加班背后离不开补偿原则，法律对加班有明确的要求——调休或支付加班费。对于"996"，国家有关部门已明确为违法。对于自由与收入而言，可能更多从业者选择的是收入。在"OKR""内卷""PK"背景下，很多企业形成了加班文化、加班氛围，其文化、氛围背后依然是经济补偿——收入的提高在起作用。任何一家企业如果只强调加班而忽视补偿，那么肯定要付出代价。

病假期间员工注册同类型公司，该如何处理

【管理场景】

科达公司有一名中层管理干部，专业能力过硬，也一直很追求上

进，经常向公司申请出去参加各种培训课程，有业务也总是冲在第一线，不像有些管理者总坐在办公室里指挥。上个月，他请了很长时间的病假，并注册了一家同业务类型的公司。科达公司的管理者知道后很生气，说要创业可以，但不应该拿着公司的资源为自己谋利。在这种情况下，HR 如何做才能尽可能地维护公司的利益呢？

【问题分析】

员工注册同类型公司已成既定事实，这时再去探讨员工的创业动机，并没有实质性帮助，我们必须抓主要矛盾，把重点放在如何维护公司权益上。

从法律角度分析，要看用人单位与劳动者是否签订有竞业限制协议。因其不是公司高管，只是中层，不适用《公司法》关于忠诚义务的规定，因而无法就此提起诉讼。对此，我们首先看员工是否与公司签订有竞业限制协议。

竞业限制是指根据法律规定或用人单位通过劳动合同和保密协议限制劳动者在本单位任职期间同时兼职与其所在单位有业务竞争的企业，或限制他们在原单位离职后从业于与原单位有业务竞争的单位，包括创建与原单位业务范围相同的企业。

如果用人单位与劳动者签订了竞业限制协议，HR 可以依据协议内容进行起诉。如果没有签订竞业限制协议，HR 可以寻找证据，证明其开设的新公司利用了公司的某些商业秘密，以基于不正当竞争关系进行起诉，从而达到维护公司权益的目的。

如果在劳动合同签订中有对企业商业机密的约定，如保守商业秘密、不从事第二职业等条款，企业完全可以按照劳动合同中约定的处理方式让其赔偿自己因此遭受的损失。如果企业有规范的奖惩制度，对企业造成的损失有明确的界定，企业可按照损失额度让其承担相应的赔偿。

对于员工私下注册公司，事情处理好了波澜不惊；处理不好，不但使企业利益受损，也影响品牌声誉，甚至引起员工效仿。因此，在考虑采取哪种处理方式之前，要先明确可能造成的后果或损失。

这件事可以通过法律途径解决，也可以用情理低调处理。不管如何处理，这件事都反映出企业管理方面存在问题。

如果没有竞业限制协议，没有劳动合同保密条款，没有奖惩制度，企业在处理此事时将处于很被动的境地。因此，事件平息后，各种制度的完善必须尽快提上日程。

从这个事件可以看出，没有监督，放任员工休病假的漏洞很大。如果在员工请较长期限的病假时，企业能事前核对、事中监督落实，就可以及早发现问题，防患于未然。

为什么这名中层管理干部有业务总是冲在第一线，不像有些管理者总坐在办公室里指挥？因为他有自己的打算。为什么"管理者很生气，说要创业可以，但不应该拿着公司的资源为自己谋利"？因为公司客户和人际关系资源面临着分流。

因此，如何保护公司的商业机密和客户资源，是 HR 不得不面对的课题。是通过制度约束，还是靠机制解决？

企业的利益不容损害，HR 在处理这件事时必须合理地运用法情理，更要在以后的工作中做好事前、事中、事后的流程控制。只有多措并举，才能真正保障企业的利益。

【管理箴言】

俗话讲，防人之心不可无。在市场经济条件下，员工有自己注册公司的权利，但前提是没有与企业签订竞业限制协议或必须履行法定忠诚义务。除此之外，企业必须完善自身的管理机制，规范和健全考勤、劳动合同、员工手册、培训管理、客户信息及商业秘密等管理制度，约定和管理员工行为，规避和控制管理风险；对已发生的事情，及时采取法律手段，维护企业的合法权益。

员工在工作时间兼做副业，如何处理

【管理场景】

现在短视频、直播带货等模式特别流行，广达公司也有不少员工加入其中。这些人的微信朋友圈里全是短视频广告，抖音里都是带货信息，他们还经常在上班时间通过微信等工具与客户交流。公司管理层发现后很生气，想把这些员工中业绩一般的人给予辞退，来个杀鸡儆猴。HR 不太清楚在职员工开展短视频带货算不算严重违纪，而且也不好收集证据，毕竟不可能全员禁用手机、收发快递吧，因此很苦恼，不知道该如何定性和处理。

【问题分析】

短视频带货可谓无孔不入，已经渗透到了幼儿园。试想下，孩子的幼儿园老师在做短视频带货，家长买还是不买，要不要先主动捧个场？

对此，园长是有苦难言，对幼儿教师能否带货一直特别纠结：第一，法律没有规定幼儿教师不能带货；第二，说出来难免会让带货的老师不舒服。只是长此以往，不仅家长有意见，而且幼儿园的品牌形象与口碑也会受到影响。

无论短视频还是直播，都非常依赖流量。这就不排除幼儿园家长被肆意开发，影响家长对幼儿园的感受。如果全民带货，我们去医院、酒店等场所，护士、服务员或热情推销产品，或心不在焉地低头看手机，客户会不会有投诉的冲动？

上班族做带货，到底算不算兼职？如果辞退，用人单位该如何避免劳动纠纷？

首先，用人单位是否有明确的用工管理制度，对带货行为或类似行为有明确规定；其次，相关规章制度内容和公示流程是否合法；最后，有证据证明员工的行为违规。

根据《劳动合同法》第三十九条的规定，劳动者同时与其他用人单位建立劳动关系，对完成本单位的工作任务造成严重影响，或者经用人单位提出，拒不改正的，用人单位可以与劳动者解除劳动合同。然而，"兼职"是否属于法律规定中的"劳动者同时与其他用人单位建立劳动关系"，需要根据具体情况进行分析确定。

上班时间做带货，虽然实质上没有与其他用人单位建立劳动关系，但属于不完全履行劳动合同的行为。因此，我们可以将此种行为写入规章制度，针对不同的情况给予警告、经济处罚、培训、调岗，直至解除或终止劳动合同。

据了解，虽然暂无刚性规定明确表述禁止某类人群做带货、开网店，但是《中华人民共和国公务员法》规定，公务员不得从事或者参与营利性活动，在企业或者其他营利性组织中兼任职务。

员工到底能不能带货，不仅要找法律依据，还要考虑行业特点，更要看管理者的态度。如果你是企业管理者，你会容忍员工用心经营自己的第二职业吗?

【管理箴言】

随着后工业时代的到来,斜杠青年、多重职业已成为流行,也成为员工职业发展的趋势。企业员工从事本职工作之外的职业,对于企业管理而言不应该是"堵",而应该是"疏",建立规则,强调纪律,避免影响正常工作。员工在八小时之外的行为,企业可以不鼓励、不倡导。如果企业的年轻人占比大,也可以在员工活动、团建时让大家交流多重职业感悟、收获,这样或许效果会更好。

基础岗位员工找人顶岗,潜在风险大于价值

【管理场景】

2021 年 6 月,食品制造企业三思味的成品仓库有一位清洁员工想在产假期间拿全薪,于是请了亲戚过来顶替自己工作。为了省去重新招人的麻烦,用人部门领导同意了她的要求,并给这个顶岗人员录入指纹,但未办理其他相关手续。11 月,另一位库工要请假三个月,也采用同样的方法处理,用人部门也同意了。虽然这两起顶岗事件没有发生任何意外,但从用工风险角度看,似乎存在不合理的地方。

【问题分析】

该企业中这样的顶岗事件看来不是第一次发生,也不会是最后一次。

可见企业的招聘工作还远未达到"要人用时有人用""能人走时有人顶"的层次。

顶岗具有偶然性，是指在本岗位员工请事假、产假等紧急情况下，为了得到企业的批准，由本岗位员工自发寻找替身，以达到请假目的。

一般被顶替的岗位都是容易被替代的岗位，如清洁工、保安、帮厨等。因为这类岗位不需要特别技能，正常成年人基本都可以胜任，员工自己就可以找到替代者，并且不用担心保密问题。

顶岗行为有一定的自发性，即得到相关部门默认后，员工自发寻找替代者，与招聘专员基本无关。讲顶岗中的用工风险，必须结合行业和企业特征来分析。从顶岗者角度看，企业有以下用工风险。

（1）未签订劳动合同的风险

顶岗者本质上可以看作新入职员工，虽未签合同，但已经形成事实劳动关系。尤其是第一位休产假的清洁工，产假本身就该享受生育津贴，员工还找人顶岗。信息一旦透明，很难说其他员工会有怎样的反应，不签劳动合同将成为风险的第一个突破口，企业支付双倍赔偿的概率很大。

（2）未缴纳社保、购买意外险的风险

顶岗人员未缴纳社保，不仅涉及补缴问题，而且当员工出现工伤、突发疾病甚至死亡等情况时，企业将承担巨额赔偿，并面临相关部门的处罚。

（3）未体检、培训的风险

作为一家食品企业，不体检就入职，无法有效杜绝职业病和传染病，因而存在很大的卫生安全隐患。没有规范的培训，很可能导致员工不清楚工作职责，抱着当一天和尚撞一天钟的心态，这样必然破坏企业文化氛围，影响团队凝聚力。

（4）未支付劳动报酬的风险

既然已经形成事实劳动关系，却没有支付相匹配的劳动报酬，或者支付的对象错位，会不会造成恶意欠薪？如果顶岗者与被顶岗者发生内部矛盾，企业很可能承担连带赔偿责任，影响自身声誉。

（5）未解除劳动关系的风险

未签订劳动合同，却已经形成事实劳动关系。当顶岗者离开时，企业不会出具任何解除劳动关系的手续。如果顶岗者后期出现大病等意外，因劳动关系依然存续，企业很可能承担赔偿责任。

从被顶岗者的角度看，产假期间拿全薪，完全不用找人顶岗就可以达到。找人顶岗往往不是为了减少的工资，而是为了保住这个岗位。

从企业的角度看，顶岗可能导致企业面临双重风险：既要支付被顶岗者的工资，又要为顶岗者发生意外买单。

从整体影响看，放任顶岗现象发生而置之不理，很可能引起效仿，对企业的招聘、员工关系等管理制度产生冲击。因此，企业必须杜绝顶岗行为，或对一些岗位进行适当的外包，以达到规避风险的目的。

【管理箴言】

顶岗现象看似风平浪静，其实暗藏波涛。企业不能抱着侥幸心理用人和管理。如果顶岗的两个员工发生工伤，企业该怎么办？继续冒名顶替报工伤，其后果不仅是经济损失，而且很可能面临刑事责任。顶岗在用工中是可行的，但一定要合法用工，如采用劳务派遣、临时用工等方式，既完成工作任务又规避用工风险才是上策。

对于新生代员工拒绝参保，企业要坚守底线

【管理场景】

迪奥迪公司经营的是高端时尚品牌服饰，员工以新生代高学历人才为主。最近，管理层要求 HR 必须按国家法律规定为员工足额缴纳社会保险费。但是，这一提议却遭到了不少员工反对，理由大致分为以下几类：认知局限，不看好现有的国家养老保险政策；工资本身不高，不愿意支付社保个人部分；社会保险异地转移非常麻烦，还不如放弃参保……

作为 HR，从未遇到过员工主动拒绝参保的情况，却又不得不拿出解决方案来。请问这种矛盾应该如何解决？

【问题分析】

社会交换论主张从经济学投入与产出关系的视角研究社会行为。社会交换论认为，趋利避害是人类行为的基本规则，每个人都企图在交换中获取最大收益和减少代价，使交换变成了得与失的权衡。

新生代高学历人才不愿意缴纳社保，可以归结到得失权衡的利弊或者现实收益最大化上。

（1）找到利益点

《中华人民共和国社会保险法》自 2011 年 7 月 1 日起实施，养老、医疗、失业、生育、工伤五项保险强制的力度更大了，个人只缴纳养老、医疗、失业保险费，单位是五项保险费都要缴纳。

①养老保险：个人缴费比例为 8%，累计缴费年限满 15 年，到达退

休年龄领取养老金。养老金分两部分：一部分是基础性养老金，占比为30% ~ 45%；另一部分是个人账户养老金。

②医疗保险：个人缴费比例为 2%，单位缴费比例为 9%，计入账户比例为 2%。当员工因病住院或门诊发生费用时，就可以享受医疗保险，从而起到风险转移和补偿转移的作用。

③失业保险：个人缴费比例为 0.3%，单位缴费比例为 0.7%。当因经济形势、单位或个人的原因失去工作时，都可以领取失业保险金。失业保险累计缴费时间满 1 年、不满 5 年的，最长可领取 12 个月的失业保险金；累计缴费时间满 5 年、不满 10 年的，领取期限为 18 个月；累计缴费时间满10 年及以上的，领取期限为 24 个月。

④生育保险：女职工生育时按规定享受生育津贴和生育医疗待遇。生育险待遇不受户籍限制，参加生育保险的人员如果在异地生育，其相关待遇按照参保地政策标准执行。

⑤工伤保险：当工作时间、工作地点因工作原因受到事故伤害的或在上下班经过的路段因非本人主要责任的交通事故可以享受工伤待遇，包括工伤医疗费报销、生活补助、停工期待遇及一次伤残补助金待遇。

找到这些利益点，将政策解释到位，宣传到位，这样做以后，这些新生代高学历人才还会拒绝社保吗？

（2）找到平衡点

国家政策不断变化可能影响员工参保的信心。最初，养老保险对员工最大的吸引在于缴费满 10 年并到达退休年龄就可领取养老金。这将是晚年生活最稳定的保障。1997 年出台的《国务院关于建立统一的企业职工基本养老保险制度的决定》中将领取条件改为缴费满 15 年并到达退休年龄，不足 15 年的可继续延缴直至满 15 年。2022 年国家在试点地区提出延长退休年龄，计划通过 5 年的过渡，最终在 2027 年全面实施新的退休政策。

如果延迟退休真的来临，势必影响现有员工的感受。实际上，国家规划中是逐步延长退休年龄，因此可以说"70 后"受到的影响并不是很大。

有些企业不完全按照法律规定缴纳各项保险，甚至把单位应缴部分直接发放给员工，短期看似乎增加了员工收入，但长期分析，势必影响到员工的利益。

HR 应该用告知书的形式把员工可能遇到的困难告诉员工，让员工更了解政策，找到维护自身利益的途径。如果 HR 找到利益点和平衡点，与员工反复沟通，落实到位，这样做以后员工通常是乐意参保的。

HR 不仅要让员工正常参保，而且要为企业寻找降本增效的渠道，让企业和员工达到双赢。如果有一天，政府将各项保险费率降到更合适的水平，将费改税、待遇、退休年龄等政策完全落实到位，员工参保更将是水到渠成的事。

【管理箴言】

管理必须讲规则，有底线！这里的规则和底线就是经营管理必须合法合规，否则给企业带来的损失往往是不可估量的。做好社会保险的宣传和缴纳是企业应尽的法定义务，是不能规避的。"双休""五险一金"等早已成为企业招聘的前提条件。在招聘阶段导入缴纳社保的宣传和说明，不仅会减少员工入职后的管理成本，还会成为企业招聘时的亮点。

调休人员发生工伤时，处理要有情有法

【管理场景】

老张是公司的仓储员，在周一调休时跑到公司仓库和上班的女同事嬉闹，不小心被公司的叉车撞伤。公司还没给老张缴纳社保，是否可以申报工伤？还是说责任完全由肇事员工负责？

【问题分析】

在特定场景、特定条件、特定身份下发生各种意外，能不能认定为工伤？ HR 该用什么思维和沟通方式处理呢？

调休期间发生意外能不能认定为工伤？对此只要把握住工伤的三要素，则很容易得出结论：非工作时间，非工作原因，在工作场所受伤，不能认定为工伤。

什么情况下可以认定为工伤？

《工伤保险条例》第十四条规定，职工有下列情形之一的，应当认定为工伤。

（一）在工作时间和工作场所内，因工作原因受到事故伤害的。

"工作时间"和"工作场所"是两个必须同时具备的条件，同时还得是"因工作原因"而受到的负伤、致残或者死亡，三者缺一不可。

（二）工作时间前后在工作场所内，从事与工作有关的预备性或者收尾性工作受到事故伤害的。

"工作时间前后"是指非工作时间内，具体讲是开工前或收工后的一段时间，但是有一点则特别重要，其目的必须是从事预备性或收尾性工作。

（三）在工作时间和工作场所内，因履行工作职责受到暴力等意外伤害的。

"工作时间"和"工作场所"必须同时具备，并且必须是在履行本职工作。案例中受到伤害是"非工作原因"，是来自本单位或外界的"暴力、意外等"所致。

但是，也有特殊情况，个别情况下非工作原因也能认定为工伤。

《工伤保险条例》第十四条规定，职工有下列情形之一的，应当认定为工伤：

（四）患职业病的；

（五）因工外出期间，由于工作原因受到伤害或者发生事故下落不明的；

（六）在上下班途中，受到非本人主要责任的交通事故或者城市轨道交通、客运轮渡、火车事故伤害的；

（七）法律、行政法规规定应当认定为工伤的其他情形。

案例中的难点不在于能否认定工伤，而在于仓储员、叉车司机与公司三方的利益纠葛。

作为叉车司机，由于执行工作职务的行为导致同事受伤的，不应直接承担责任，而应由公司承担责任或者由工伤保险基金赔偿。当然，如果叉车工有重大失误的，公司可以追偿。

仓储员的权益如何维护，即人身损害赔偿由谁承担？实际上还是公司。员工即使休假，是不是就不能去公司了？

在处理此类问题时，HR 可以尝试切换场景，或对换身份，这样一来有些特别情况也会显得相对普通。如果被撞的不是仓储员，而是第三方人员，如客户，谁的责任？如果发生地点不在公司，而在公共场所，仓储员被撞，该如何处理？

因此，此案虽然不是工伤，但最好的处理办法却是按照工伤流程申报。处理这类问题，我们并不赞成利用员工对法律的盲点进行威逼利诱，而是完全可以站在企业的立场考虑员工的利益。

我们再看没有缴纳社保，该如何申报工伤。这里的焦点不在于如何申报，而是谁来承担责任。没有缴纳社保，员工的工伤赔偿由用人单位全部承担。我们建议按流程先申请工伤认定，等鉴定等级后再最终确定赔偿金额。

企业要想发展，就要合规，不要以为不购买社保就能节省一大笔成本，真出事了才知道什么是因小失大。

工伤处理说简单，也简单。不管是不是工伤，都坚持申报。批不批是另一回事，关键在于对全局利益的把控，以及对处理方式、谈话技巧、员工心态等各方面的掌握。

【管理箴言】

"见微知著"，该企业管理存在很多问题，完全可以借助这次事故建立管理规则。员二休假期间到公司嬉闹、员工上班期间嬉闹、员工被叉车撞伤、企业未给员工缴纳社保等现象，表明企业面临着许多潜在的风险，工作纪律、作业规范、6S 管理、安全生产等都需要及时进行优化和改进。防患于未然，最经济、最有效的方法就是建立健全企业管理制度和流程。

在职管理相关法条

【劳动法】（2018 年）

第四十一条 用人单位由于生产经营需要，经与工会和劳动者协商后可以延长工作时间，一般每日不得超过一小时；因特殊原因需要延长工作时间的，在保障劳动者身体健康的条件下延长工作时间每日不得超过三小时，但是每月不得超过三十六小时。

第四十二条　有下列情形之一的，延长工作时间不受本法第四十一条规定的限制：

（一）发生自然灾害、事故或者因其他原因，威胁劳动者生命健康和财产安全，需要紧急处理的；

（二）生产设备、交通运输线路、公共设施发生故障，影响生产和公众利益，必须及时抢修的；

（三）法律、行政法规规定的其他情形。

第四十三条　用人单位不得违反本法规定延长劳动者的工作时间。

第四十四条　有下列情形之一的，用人单位应当按照下列标准支付高于劳动者正常工作时间工资的工资报酬：

（一）安排劳动者延长工作时间的，支付不低于工资的百分之一百五十的工资报酬；

（二）休息日安排劳动者工作又不能安排补休的，支付不低于工资的百分之二百的工资报酬；

（三）法定休假日安排劳动者工作的，支付不低于工资的百分之三百的工资报酬。

【合同法】（2012）

第二十二条　用人单位为劳动者提供专项培训费用，对其进行专业技术培训的，可以与该劳动者订立协议，约定服务期。

劳动者违反服务期约定的，应当按照约定向用人单位支付违约金。违约金的数额不得超过用人单位提供的培训费用。用人单位要求劳动者支付的违约金不得超过服务期尚未履行部分所应分摊的培训费用。

用人单位与劳动者约定服务期的，不影响按照正常的工资调整机制提高劳动者在服务期期间的劳动报酬。

第二十三条 用人单位与劳动者可以在劳动合同中约定保守用人单位的商业秘密和与知识产权相关的保密事项。

对负有保密义务的劳动者，用人单位可以在劳动合同或者保密协议中与劳动者约定竞业限制条款，并约定在解除或者终止劳动合同后，在竞业限制期限内按月给予劳动者经济补偿。劳动者违反竞业限制约定的，应当按照约定向用人单位支付违约金。

第二十四条 竞业限制的人员限于用人单位的高级管理人员、高级技术人员和其他负有保密义务的人员。竞业限制的范围、地域、期限由用人单位与劳动者约定，竞业限制的约定不得违反法律、法规的规定。

在解除或者终止劳动合同后，前款规定的人员到与本单位生产或者经营同类产品、从事同类业务的有竞争关系的其他用人单位，或者自己开业生产或者经营同类产品、从事同类业务的竞业限制期限，不得超过二年。

第二十五条 除本法第二十二条和第二十三条规定的情形外，用人单位不得与劳动者约定由劳动者承担违约金。

第三十五条 用人单位与劳动者协商一致，可以变更劳动合同约定的内容。变更劳动合同，应当采用书面形式。

变更后的劳动合同文本由用人单位和劳动者各执一份。

【最高人民法院关于审理劳动争议案件适用法律问题的解释（一）】

法释〔2020〕26 号

第三十六条 当事人在劳动合同或者保密协议中约定了竞业限制，但未约定解除或者终止劳动合同后给予劳动者经济补偿，劳动者履行了竞业限制义务，要求用人单位按照劳动者在劳动合同解除或者终止前十二个月平均工资的 30% 按月支付经济补偿的，人民法院应予支持。

前款规定的月平均工资的 30% 低于劳动合同履行地最低工资标准的，按照劳动合同履行地最低工资标准支付。

第三十七条　当事人在劳动合同或者保密协议中约定了竞业限制和经济补偿，当事人解除劳动合同时，除另有约定外，用人单位要求劳动者履行竞业限制义务，或者劳动者履行了竞业限制义务后要求用人单位支付经济补偿的，人民法院应予支持。

第三十八条　当事人在劳动合同或者保密协议中约定了竞业限制和经济补偿，劳动合同解除或者终止后，因用人单位的原因导致三个月未支付经济补偿，劳动者请求解除竞业限制约定的，人民法院应予支持。

第三十九条　在竞业限制期限内，用人单位请求解除竞业限制协议的，人民法院应予支持。

在解除竞业限制协议时，劳动者请求用人单位额外支付劳动者三个月的竞业限制经济补偿的，人民法院应予支持。

第四十条　劳动者违反竞业限制约定，向用人单位支付违约金后，用人单位要求劳动者按照约定继续履行竞业限制义务的，人民法院应予支持。

在职管理相关工具

【竞业限制协议】

甲方（用人单位）：

乙方（劳动者）：

鉴于乙方已同甲方签订劳动合同，且为甲方员工，因工作需要，接触到甲方的商业秘密或者对甲方的竞争优势具有重要影响，为保护甲方的商业秘密及其合法权益，确保乙方在职期间和离职后不与甲方竞业，甲、乙双方根据《中华人民共和国劳动合同法》等法律法规，在遵循平等自愿、协商一致、诚实信用的原则下，就乙方对甲方承担的竞业限制义务及甲方因乙方承担竞业限制义务而对乙方的补偿等相关事项达成如下协议。

一、未经甲方同意，乙方在甲方任职期间不得从事以下行为：

（1）自己经营，或为他人经营与甲方生产或经营产品同类的产品；

（2）自己经营，或为他人经营与甲方同类的业务；

（3）保守甲方商业秘密，除履行本职工作必须外，不得向任何第三方透露、传递。

二、乙方离职后的竞业限制义务

（1）乙方不论因何种原因从甲方离职，均应立即向甲方移交所有自己掌握的，包含有职务开发中商业秘密相关文件、记录、信息、资料、器具、数据、笔记、报告、计划、目录、来往信函、说明、图样、蓝图、纲要原件及复制件，并办妥有关手续。所有记录均为甲方绝对的财产。乙方将保证有关信息不外泄，不得以任何形式留存甲方有关商业秘密信息，也不得以任何方式再现、复制或传递给任何人，更不得利用前述信息谋取利益。

（2）乙方不论因何种原因从甲方离职，离职后两年内不得在与甲方的行业相同或相近的企业，以及与甲方有竞争关系的企业从事相关工作；不得经营与甲方有竞争关系的企业或与商业秘密有关的产品的生产。

（3）乙方在甲方离职后两年内，不能直接或间接地通过任何手段为自己、他人或任何第三方，以拉拢、引诱、招用或鼓动之手段使甲方其他成员离职、挖走甲方其他成员或提供其他成员通信信息。

（4）乙方应于每月 10 日前告知甲方其现住所地址、联系方法及工作任职情况，甲方可以随时根据需要对乙方提供的信息进行核实，乙方应当予以积极配合。工作任职情况包括但不限于企业名称、企业注册地址、企业经营地址、企业人力资源联系电话、就职部门和职务等信息。

（5）乙方连续三个月不提供工作任职情况说明的，甲方暂停竞业补偿费支付，双方竞业限制协议继续有效。

三、竞业限制补偿

（1）从乙方离职后开始计算竞业限制期，甲方应按竞业限制期限向乙方支付一定数额的竞业限制补偿。补偿的标准为离职前 12 个月度平均工资的 30%。补偿费从离职次月开始按月支付，由甲方于每月的 25 日通过银行支付至乙方指定的账户。乙方承诺提供的银行账户保持正常使用，如中途换卡、销户、挂失等原因未及时书面通知甲方的，视为乙方过失，甲方不承担延迟支付补偿费责任或其他违约责任。如乙方拒绝领取，甲方可以将竞业限制补偿费向劳动仲裁部门等有关方面提存。

（2）竞业限制期满，甲方即停止补偿费的支付。

四、违约责任

（1）乙方不履行规定义务的，应当承担违约责任，违约金需一次性向甲方支付。违约金额为乙方离开甲方上年度的薪酬总额的三倍，不包含甲方因调查和处理乙方的违约行为而支付的合理费用（包括但不限于律师费、调查费、鉴定费、交通费、文印费、诉讼费等）。同时，乙方的违约行为给甲方造成损失的，乙方应当赔偿甲方的损失，并且乙方所获得的收益应当全部归还甲方。

（2）甲方不履行规定义务的，应当依照法律规定承担违约责任。违约金数额不超过三个月竞业限制补偿费，不包含乙方因处理甲方违约行为而支付的合理费用（包括但不限于律师费、调查费、鉴定费、交通费、文印费、诉讼费等）。

五、争议解决

因履行本协议发生的劳动争议，双方应以协商为主或者委托双方信任的第三方调解。如果无法协商解决，争议一方或双方有权向甲方所在地的劳动争议仲裁委员会申请仲裁。

六、其他约定

（1）本协议提及的技术秘密，包括但不限于技术方案、工程 / 产品设计、制造 / 加工方法、产品材料构成、工艺流程、技术指标、计算机软件、数据库、研究开发记录、技术报告、检测报告、实验数据、试验结果、图纸、样品、样机、模型、模具、操作手册、技术文档、相关的函电等。

（2）本协议提及的商业秘密，包括但不限于客户名单、行销计划、采购资料、定价政策、财务资料、进货渠道、激励政策、薪酬标准、经营计划等。

（3）本协议中乙方经营或从事相关企业职位，包括但不限于股东、合伙人、董事、监事、经理、职员、代理人、顾问等。

（4）本协议未尽事宜或与今后国家有关规定相悖的，按有关规定执行。本协议的修改必须采用双方同意的书面形式。

（5）本协议及甲乙双方所签订的《保密协议》作为劳动合同附件，经甲乙双方签字盖章后具有同等法律效力。

（6）本协议一式两份，甲乙双方各持一份，具有同等法律效力。

甲方（盖章）：   乙方（签字）：

法定代表人 / 代理人：（盖章）   身份证号码：

联系电话：   联系电话：

日期：   日期：

【专项培训协议】

甲方：

法定代表人 / 代理人：

联系电话：

乙方（姓名）：

身份证号码：

联系电话：

甲方因工作需要，决定派乙方参加与本岗位工作相关的专业培训，以提高乙方的职业技能。根据《中华人民共和国劳动合同法》等有关法律及甲方的有关规定，甲乙双方在签订《劳动合同书》的基础上，在平等、自愿的前提下协商一致，达成如下专项培训协议：

一、培训内容：_____

二、培训时间：从 ____ 年 __ 月 __ 日起至 ____ 年 __ 月 ___ 日止。

三、培训地点：_____

四、培训形式：参加培训的形式为以下第 __ 种：

（1）全脱产学习；

（2）半脱产学习；

（3）非脱产学习。

五、服务期限

（1）乙方参加本专项培训后，应保证在甲方服务 ____ 年，从 ____ 年 __ 月 __ 日至 ____ 年 __ 月 __ 日止；本服务期限超过劳动合同期限的，劳动合同期限自然延长到本期限截止日止。

（2）因甲方原因解除或终止劳动合同的，双方在办理劳动合同终止或解除手续后，本协议随之终止。因乙方原因解除或终止劳动合同的，乙方应按照本协议约定承担违约责任。

六、费用支付

（1）甲方负责和承担乙方派往受训地接受培训的下列费用：

①受训期间的学杂费、教材费等与培训有关的费用；

②到受训地及受训完毕后回甲方处的往返差旅费；

③培训有关费用共计人民币 ____ 元（以实际发生费用为准）。

（2）其他费用：乙方在培训期间的个人生活支出费用由乙方自行承担。

七、培训待遇

乙方参加培训期间视为正常出勤。乙方的工资、社会保险、福利待遇依照双方签署的《劳动合同书》及甲方的规章制度执行。

八、甲方权利义务

（1）甲方及时为乙方支付约定范围内的各项培训费用。

（2）在培训期间，甲方有权对乙方进行监督、督导、协调和服务。

（3）甲方有权根据经营状况、市场变化等自主决定乙方的培训形式及培训进程等。

（4）甲方有权要求乙方根据本协议要求参加培训、服从甲方的培训要求和安排，以及要求乙方根据本协议约定工作至服务期满。

九、乙方权利义务

（1）乙方有权要求甲方按照本协议约定落实相应待遇。

（2）乙方在培训期间必须遵守纪律，因乙方原因造成第三方的人身或财产损失，由乙方承担相应责任。

（3）乙方保证在培训期间服从管理，服从甲方的各项工作安排。

（4）乙方保证受训完毕后按甲方要求的时间及时返回甲方工作岗位，按照本协议约定继续为甲方服务至服务期满。

（5）乙方培训后应整理培训课程，做成课件，并对公司其他相关人员进行内部转化培训。

十、违约责任

乙方如违反或提前解除本协议，则需按下列标准支付违约金。

（1）因乙方原因，包括但不限于严重违反甲方及培训机构的规章制度或纪律、触犯法律法规、为其他机构提供服务等，导致不能按照本协议约定完成培训计划的，视同乙方违约。甲方可要求乙方支付违约金，全额返还培训有关费用。达到解除劳动合同条件的，甲方有权解除劳动合同。

（2）培训期内乙方自行提出中止培训或解除培训协议的，乙方应向甲方返还甲方实际支出的培训有关费用。

（3）乙方培训期结束回甲方工作后，未达到协议约定的服务年限，乙方赔偿部分培训费用。违约赔偿金额 = 培训相关费用总额 × （约定服务年限 – 已服务年限）/ 约定服务年限

（4）因乙方违反本协议约定引起的一切法律责任，由乙方自行承担；给甲方造成经济损失的，乙方应承担赔偿责任。

（5）当乙方根据本协议需要承担违约金时，甲方有权从乙方的劳动报酬中直接予以扣除，依法保证乙方每月劳动报酬不低于当地最低工资。乙方应当在离职之前一次性支付违约金。

（6）乙方完成培训计划后，未按照甲方的要求及时返回工作岗位或进行内部转化培训，或乙方违反劳动合同中的条款被甲方解除劳动合同的，视同乙方违约。甲方有权要求乙方按照上述约定承担违约责任。

十一、其他约定

（1）因本协议的履行发生的任何争议，双方应协商解决；协商不成的，向甲方所在地的劳动争议仲裁委员会仲裁。

（2）本协议一式两份，甲乙双方各执一份，经甲方盖章、乙方签字后

生效。

（3）本协议系《劳动合同书》的附件，与《劳动合同书》具有同等法律效力。

甲方：（盖章）   乙方：（签字）

签订日期：＿＿＿ 年 ＿ 月 ＿ 日   签订日期：＿＿＿ 年 ＿ 月 ＿ 日

【劳动合同变更协议书】

甲方：

法定代表人／代理人：

联系电话：

乙方：

身份证号码：

联系电话：

经甲乙双方平等协商，一致同意对双方于 ＿＿＿ 年 ＿ 月 ＿ 日签订的《劳动合同》（编号：＿＿＿）中的部分条款进行变更，具体变更内容如下。

（1）原劳动合同第 ＿＿＿ 条内容为：＿＿＿＿＿＿＿＿＿＿＿＿＿＿＿＿

（2）协商变更为：＿＿＿＿＿＿＿＿＿＿＿＿＿＿＿＿＿＿＿＿＿＿＿＿＿

（3）变更内容有效时间：自 ＿＿＿ 年 ＿ 月 ＿ 日至 ＿＿＿ 年 ＿ 月 ＿ 日止。

本协议作为《劳动合同》的附件，具有同等法律效力。

本变更协议一式两份，甲乙双方各执一份。经双方签字之日起生效。

甲方：（盖章）   乙方：（签字）

日期：   日期：

【某集团劳动合同管理办法】（摘要）

第三节　劳动合同变更

第六十六条　变更劳动合同必须采用书面形式或电子合同形式。劳动合同变更后，双方应签订劳同变更协议书，注明变更的事项及变更的时间。

第六十七条　出现下列情形之一的，应当变更劳动合同或附件的相关内容：

（一）员工病休、脱产学习、休产假及被用人部门长期派往或借聘外单位工作等原因离开本岗位半年以上，但仍保持劳动关系的；

（二）用人部门因生产经营等客观原因，需要调整或变更劳动合同的；

（三）用人部门发生分立、合并或职能调整，需要变更劳动合同的；

（四）用人部门经批准转产、整顿、调整生产任务或由于客观情况发生重大变化，致使劳动合同不能完全履行的；

（五）员工患职业病或因工负伤，被劳动鉴定委员会确认部分丧失劳动能力，需要重新安排适当工作的；

（六）员工专业技能达不到规定的任职资格标准或经常完不成生产工作任务，不能胜任劳动合同或岗位职责任所约定的工作，需要变更劳动合同的相关内容的；

（七）用人部门根据生产 / 业务工作需要，变更员工工种（岗位），需要变更劳动合同的；

（八）经双方协商一致，同意对劳动合同中的某些条款做出变更的。

除上述变更劳动合同的条件外，根据工作需要，在劳动合同中还可约定其他变更条件。当约定的变更条件出现时，劳动合同可以变更。

第六十八条　变更劳动合同，任一方应在变更前通知对方。劳动合同部分变更后，未变更的部分仍然有效。

第 3 章

···

离职管理

员工中途离职的年终奖发放攻略

【管理场景】

> 振兴公司淘汰了一部分业务能力较差的员工,有劝退的,也有支付赔偿金解除劳动合同的。其中有一名员工态度很强硬,表示公司除了应支付解除劳动合同应付的赔偿金,还应按出勤月份折算今年的年终奖。然而,公司薪酬制度明确规定每年 12 月 31 日前离职的,不予发放年终奖。那么,企业与员工在年前解约,应如何规避年终奖发放的法律风险?

【问题分析】

(1)年终奖是否一定在年终发放

很多企业都是在年终发放年终奖,但具体到年后多久,各有不同。有些企业甚至直到次年 6 月才发放上年度的年终奖。其实,年终奖的发放并不具有强制性,年终奖只是企业的一种激励措施。企业完全可以根据"自己的标准"发放:双方有约定的,服从约定;如无特别约定的,可以不发放;如果发放,发放时间自行确定。

(2)年终奖是否一定要发放

每到年末,网上各种晒年终奖的,这很容易给我们一种错觉:发年终奖是理所应当的。其实不然,年终奖究其本质是一种劳动报酬,属于非法定福利。发多少、发不发、什么时候发,要看企业的效益和习惯,尤其是管理层的意愿。除非劳动合同或制度里有明确的约定。

年终奖该不该发、如何确定，可总结为三类原则：第一类是合同约定；第二类是制度规定；第三类是口头决定。三种不同的原则，对用人单位的约束力度依次递减。

通常而言，如果有劳动合同约定，员工在争取合法权益时将有据可依；如劳动合同没有约定年终奖，员工的话语权将非常弱。现实中，即使用人单位在制度中对年终奖有所规定，管理层也可以通过一些合法途径对制度做出修改。至于口头决定，员工能不能拿到年终奖就完全看企业的意愿了。

（3）年终奖是否一定发现金，或者一定一次性发放

常见的年终奖有双薪、三薪甚至多薪，也有如旅游、培训等福利类，更有股票分红、股权等形式。当然也有不少企业发现金或购物卡。奖金形式可以说是多种多样。

实际上，不少企业是分次发放年终奖的：春节放假前发放一次，目的是为了激励；春节后发放一次，目的是为了维稳；一季度后再发剩余年终奖。

年终奖的来源除了超额收入与利润之外，有些企业会将员工的部分月工资扣除（多为绩效工资的10% ~ 20%），留到年底按绩效表现作为年终奖发放基数。这种做法是否规范，很难从法律上界定。因为双方既然当初在签订劳动合同时约定了薪资的发放方式，那就是被允许的。

（4）员工中途离职，年终奖该如何发放

一般来说，只有当劳动合同或规章制度上明确有年终奖，并且明确年终奖对应的年度、发放条件，员工在做满这个年度之后离职，才能够拿到年终奖。

对离职员工是否发放年终奖，虽说用人单位有自主权，但如果劳动合同或企业的规章制度里有员工的年终奖数额或计算方式，而且员工付出了劳动，就应该得到相应的年终奖。

现实中，如果员工中途离职想拿到年终奖，就应该和用人单位签订劳

动合同，并对年终奖进行细致约定。此后，员工一旦与用人单位因年终奖发生争议，此项约定将是员工胜诉的"法宝"。

企业要规避风险，可从以下四个方面入手：

①明确年终奖的性质，规定年终奖属于员工福利，而非工资构成；

②明确规定年终奖的发放范围、发放标准和发放方式；

③规定年终奖由用人单位根据当年的经营目标完成情况决定；

④在规章制度中明确年终奖是对在职员工的一种激励方式，离职员工不享有年终奖。

【管理箴言】

年终奖是指企业在每个年度末对员工给予工资收入以外的额外奖励，是企业激励员工努力工作的一种手段。但是，劳动法律法规并没有规定企业一定要发放年终奖，通常由企业根据实际经营状况、员工的绩效表现等综合因素，确定年终奖发放与否、发放条件、发放标准及发放时间。员工离职后，企业必须依法依规办事，不能以各种理由和借口肆意损害离职员工的合法权益，否则会承担相应的法律责任。

对于准离职员工激励，多用加法、少用减法

【管理场景】

沃德公司刚开完年会就遇到一件尴尬的事：年会抽奖系统采用第三方小程序随机抽奖，结果大奖刚好抽到即将被公司优化而离职的员

工。总经理感觉大奖发给离职员工很浪费，希望 HR 出面委婉处理下。那么，这奖到底该不该兑现呢？

【问题分析】

年会抽奖，准离职员工抽中大奖，喜从天降，那么这个奖到底该不该兑现呢？

年会设置抽奖环节的初心是什么？奖品为什么有技巧地摆放？设置抽奖除了烘托年会氛围，更重要的是激励员工，让员工对企业发展更有信心。

从这个角度出发，总经理认为大奖发给准离职员工是一种浪费，这很正常。但他也意识到不应该直接收回，所以才希望 HR 能够委婉地处理，让好钢用到刀刃上。

作为 HR，该如何处理？

作为当事人，如果年会中奖物品被无理由收回，会作何感想？

如果我们稍微延伸下思维，就会发现所有这些困惑都是庸人自扰。

总经理希望通过奖品激励员工，并只局限于稳定在岗的员工。但是，为什么不可以延伸到准离职员工？试想下，在获奖现场，说出这名员工的离职身份并送上一番祝福，且让员工发表获奖感言，这样人性化的举动是不是对稳定现有员工有立竿见影的效果？

在这方面，很多企业做得很到位：邀请离职员工参加年会，开展"倦鸟归林"计划，让离职员工成为企业品牌的最佳宣传者……这样做才算是真正的离职管理！

HR 要事先了解是否所有抽奖都是随机的，是否要在操作之前屏蔽某些人，如高层领导或准离职员工。抽奖只是形式，HR 要挖掘领导的深层次需求，这样才不会左右为难。

抽奖时，要防止当事人觉得这个奖拿得不那么理直气壮。我们习惯了领导中奖后放弃，然后把机会留给他人，却很少看到员工这样做。为什么？

因为格局。格局是指站在什么位置和高度看问题，而身份代表不了格局。作为总经理，必须全盘考虑，而不计较一时的得失。案例中的奖品无论最终是否兑换给准离职员工，企业都能找到合适的解释，但由此产生的负面影响值得我们关注。

如果将年终大奖收回，尴尬的是 HR，郁闷的是准离职员工，损失的是人心，失去的是口碑。HR 要能够左右思维：是收回大奖，还是正常兑换？一左一右会对企业造成什么影响？对此要能够有基本的预判。

为什么 HR 经常倒在"最后一公里"？因为 HR 缺乏深度思考，只是埋头执行。人与人的区别有时候就在于格局。

很多企业会规定中途离职人员不享有年终奖，发放福利时也会排除试用期人员。试问，发放年终奖或福利的初衷是什么？

多数人习惯用减法，在激励上设置各种限制，最终却作茧自缚，弄巧成拙，让激励大打折扣。

格局决定了一个人或一家企业的上限。说到这里，奖品归属问题已不再重要了，如何成为有格局的人或企业才是重点。这才应该是年会奖品归属问题带给我们最有意义的思考和收获吧！

【管理箴言】

离职管理不仅仅指企业对离职的条件、流程、面谈及原因分析等进行管理，更应该包括"后劳动关系"管理环节。优秀的企业往往会采取离职欢送会、职位推荐信、企业重大活动邀约、"倦鸟归林"计划、离职员工功臣榜等多种方式和机制做好"后劳动关系"管理，这样既暖了离职员工的心，更留住了在职员工的心。坚持"分手后还可以是朋友"才是上策，千万不能伤了离职员工的心，寒了在职员工的心，那样就得不偿失了！

员工主动提出离职时，依然有可能拿到经济补偿金

【管理场景】

新大方公司是一家劳动密集型的制造业企业，员工有 700 人左右。因发展环境及自身实际情况，公司决定转型。其中一个车间需要调走一批大龄员工，有三名资深老员工拒绝调岗。经协商后，他们同意辞职，但要求公司协助他们办理失业金。协商一致后，离职证明开的是"按《劳动合同法》第三十六条解除劳动合同"。后来，三名员工反过来向公司索要经济补偿，说不补偿就申请仲裁。那么，企业应该采取什么办法规避离职带来的潜在风险呢？

【问题分析】

在企业转型期，员工调岗、辞职，其中的失业金、离职原因、经济补偿金、劳动争议仲裁等相关问题如果处理不到位，都会影响企业的正常运营，造成不必要的经济损失和社会声誉受损等负效应。

（1）关于调岗

《劳动合同法》相关规定，企业可以调岗的情形有以下几种。

①用人单位与劳动者就调岗协商一致。

②员工患病或者非因公受伤，在规定的医疗期满后不能从事原工作的，用人单位可以另行安排工作。

③劳动者不能胜任工作，用人单位可以调整其工作岗位。

④劳动合同订立时所依据的客观情况发生重大变化，致使劳动合同无法履行，用人单位可以与劳动者协商变更劳动合同，调整劳动者的工作岗位。

⑤企业转产、重大技术革新或者经营方式调整，可以变更劳动合同，调整员工的工作岗位。

⑥劳动者与用人单位签订了脱密期保密协议的，在劳动者提出辞职后可以调整员工的工作岗位。

调岗有以下两种情况。

①如果劳动合同中明确约定了工作岗位，那么，企业将员工调到其他工作岗位，就违反了劳动合同的约定，员工有权拒绝。因此而发生的纠纷属于劳动争议，可以通过劳动争议仲裁的方式予以解决。

②如果劳动合同中未约定工作岗位，则根据工作需要对员工工作做相应调整是企业的权利，并无不当。无论员工是否同意，都应接受调整。由此可见，如何签订劳动合同是调岗的前提。

（2）关于辞退

《劳动合同法》第三十六条规定：用人单位与劳动者协商一致，可以解除劳动合同。

第四十六条规定有下列情形之一的，用人单位应当向劳动者支付经济补偿：

（一）劳动者依照本法第三十八条规定解除劳动合同的；

（二）用人单位依照本法第三十六条规定向劳动者提出解除劳动合同并

与劳动者协商一致解除劳动合同的。

对照上述案例，可以看到，经济补偿是一定要支付的。那么，什么情况下可以不支付经济补偿呢？在时间这么紧的情况下，其他方式都很难施展，唯一可用的便是协商。但是，因为牵扯到员工要领取失业金，协商的难度很大，并且存在被翻盘的可能。

（3）关于失业

享受失业金是有一定条件的：

①按照规定参加失业保险，所在单位和本人已按规定履行缴费义务满一年以上的；

②在法定劳动年龄内非因本人意愿中断就业的；

③已按规定办理失业和求职登记的。

从第二点可以看出，办理失业就意味着杜绝了主动离职。因此，这种情况下赔付经济补偿金的可能性更大。

（4）关于仲裁

《劳动法》第七十九条规定：劳动争议发生后，当事人可以向本单位劳动争议调解委员会申请调解；调解不成，当事人一方要求仲裁的，可以向劳动争议仲裁委员会申请仲裁；当事人一方也可以直接向劳动争议仲裁委员会申请仲裁；对仲裁裁决不服的，可以向人民法院提起诉讼。

基层员工对仲裁的信任度很高，他们不打心理战，不满意就仲裁。如果是基础管理人员，会考虑下次就业背调或下家单位的喜好，更多会选择协商。企业和员工还是应以协商解决为主，不必闹到仲裁和诉讼的地步。

（5）关于经济补偿金

归根结底，很多分歧都在于钱，风险核心则是该支付多少经济补偿金。

通常是企业想尽可能地少补偿，员工则追求最大化。在信息对称的情况下，企业会越来越被动。特别是这类调岗，时间紧，任务重，企业有各种妙招也会来不及布局。因此，考虑到对其他员工的影响，建议还是按规定支付经济补偿金。

管理是一个闭环系统，其中一个环节出了问题，都可能直接影响到最终的结果。在平时工作中，建立规则步步为营很重要。对于这类问题的处理，上策在于对战略规划的把握，让人力资源工作更有预见性，而不仅仅是被动地"救火"。

【管理箴言】

管理一定要有规则，讲原则，守法律！任何一个环节出现漏洞或瑕疵，都会影响整个环节的效能。这点在处理劳动关系时尤为重要，其中既涉及员工合法权益的保障，也涉及企业利益的保障。合情、合理、合规、守法才是最好的工具。原则是企业最好的"护城河"，HR千万不能为了快速实现目的而做无原则的妥协。

家属来公司闹事，员工被连带辞退

【管理场景】

建业教育是一家职业教育学校。前几天，王老师的老公和婆婆来学校要求开她的收入证明，说是要买房子。当时，学校的所有印章都带到教育局去做年检了，没办法及时盖章。她的老公和婆婆当场大闹，要求必须立刻盖章，不然就不走了。结果，校长要求辞退该员工。从人道主义上讲，王老师只靠这点薪水支撑，如果丢掉这份工作，孩子的奶粉钱都不知道怎么办，说实话真的很可怜。但是，她的家人的确是给学校带来了恶劣的影响。作为 HR，到底该不该辞退这名员工呢？

【问题分析】

关于是否辞退该老师，考虑的角度不仅要合法，更要合乎情理。现在很多企业存在辞退的误区。例如，认为在试用期可以随意辞退员工；员工违纪，企业可以无条件辞退；只要企业给了经济补偿金并提前一个月通知，就可以辞退员工……这些都是很危险的看法和做法，会导致两败俱伤。

在辞退员工时，用人单位务必要重视合法性问题，即辞退员工时一定要做到证据确凿、依据充分、程序合法；同时，坚持"制度先行，沟通在后"的原则，避免事情进一步发酵。由于辞退员工的举证责任完全在于用人单位一方，因此证据确凿是用人单位合法解除劳动合同的基础。在此基础上，用人单位还需要相关的法律法规政策和内部规章制度作为法律依据，这是合法辞退员工的关键。

老师的家人来学校闹事，如果影响到学校的正常办公，学校可以报警处理。但是，老师并无过错，不应该受到连带处罚。辞退该老师，学校能走的只有双方协议解除劳动合同一条路。这时候不问解除的事由，只要双方协商一致，即可解除劳动合同。

如果老师的家属闹事造成了恶劣影响，校长不想再聘用，也不愿意支付经济补偿金，老师又拒绝协商，那么 HR 该怎么处理呢？

这类员工往往好面子，性质这么恶劣的事件自然会全校通报批评，这会让员工觉得没面子再待下去了。

对于想边缘化的老师，学校最常用的方式就是调岗，从教师岗调整到行政岗。这种落差对老师的精神打击往往非常直接。

如果老师拒绝调岗，学校就不会再重用，而是直接取消担任的所有职务，减少排课量，加大绩效考核力度……这样操作下来，员工自然也就无法在学校立足了。

这种劳动合同解除模式丝毫没有体现人性化。抛开这次事件的影响不谈，如果家庭因素并不影响员工的工作状态，那么学校就没必要给予特殊照顾，也不应戴有色眼镜看人。

学校不一定要违法辞退，HR可以先沟通，了解员工的真实想法。如果校长辞退的态度并不是很坚决，HR可与员工协议，约定如果再出现类似事件，就让其自动离职之类，这样各退一步。

从另一个角度看，学校是不是在试探员工的抗压极限？家庭如此不幸，再面临违法辞退，伤口上被撒盐，结果会如何？有可能员工忍气吞声地走了，事情就此画上句号；也有可能家属为此天天来学校闹事；更坏的可能则是员工终于崩溃，选择自杀等极端方式……

HR在处理这类员工离职时，一定要秉持"制度先行，沟通在后"的原则，情理法结合，从而尽力避免事件进一步恶化，并给企业其他员工留下"负责任、有良心"的好印象。有时候换位思考，各退一步，或许一切都没有想象的那么糟。

【管理箴言】

HR要多角度考虑事情，系统分析每一次事件发生的原因、过程、影响，在维护企业管理权威的同时，更应该检验企业的管理制度、流程和标准是否存在瑕疵。案例中企业管理存在一定的瑕疵，开收入证明应该是员工当事人自己申请，按企业流程办理。该事情和员工家属没有必然联系，员工家属为什么提出要求并闹事呢？员工家属来之后，企业相关负责人的应急处理是否经得起推敲？企业的深思和改进比解除一个员工的劳动关系更有价值。

当员工抱团以辞职相逼时，要抽丝剥茧探究真相

【管理场景】

思维精密公司是一家高新技术企业，公司的人力资源建设并不完善，未能形成相应的流程制度，很多问题都需要总经理临时拍板决定。公司租用了一辆中巴作为班车接送员工上下班。随着公司业务的拓展，班车越来越紧张，员工的意见也越来越大，但是总经理却以节约成本为由一直未确定解决方案。

最近，技术核心骨干老张提出离职。老张离公司最远，曾多次提出希望解决交通问题，但是一直未得到解决。老张是公司的技术带头人，放任其离职会给公司的生产带来极大的影响。因此，总经理也承诺额外增添交通补贴，允许用专车接送他上下班。其他路途较远的员工知道这种差别式待遇后纷纷效仿老张的做法，用辞职要求公司改善现在的交通状况。作为 HR，该怎么处理这种矛盾呢？

【问题分析】

对高端人才的管理，如果不能做到事前公平性、制度性准备，很容易

造成其他员工产生不公平的感受，形成心理落差，从而降低企业的凝聚力，出现人才流失等现象。

对于 HR 的疑惑，我们完全可以抽丝剥茧地在问题中找到答案。

（1）是人力资源管理制度流程缺失，还是缺乏规划

因为制度流程缺失，HR 办事找不到依据，只能依赖总经理临时拍板。

作为总经理，关注的重点应该是企业战略、生产、销售、利润和发展规划……对于员工提出的交通等问题，总经理的重视程度显然不够，导致事件愈演愈烈。

即使技术带头人提出离职，总经理依然不打算改变班车现状，而是做出一些临时承诺：额外增添交通补贴，允许用专车接送其上下班。

不得不说，制度流程缺失只是表象，公司最大的问题是缺乏规划，包括薪酬规划、福利规划、员工关系管理规划等。

（2）是培训体系缺失，还是人才梯队建设不到位

刚引进的技术带头人用短短几个月改良了多项产品问题，但公司并没有完善的培训体系，很多技术问题只有技术带头人能够处理，其他人无法接手。这种稀缺型人才离职，必然给公司的生产带来极大的影响。

高端技术人才往往难以批量制造，即使培训体系再完善，也很难被全面复制……这也正是技术带头人的价值所在。

培训不体系，本质是人才梯队建设滞后，导致产生技术带头人依赖症。如果不解决人才梯队建设问题，类似的依赖问题会一直存在。

（3）是人力资源建设与业务脱节，还是 HR 的境界太低

人力资源建设必须以企业战略为依据。随着公司业务的拓展，班车紧

张，员工意见密集，会不会影响工作效率，影响员工的稳定性，进而影响公司的生产量或销售额呢？

总经理考虑的是眼前成本，而 HR 一直在等总经理做决定。如果将 HR 分为事务型、专业型、业务型、战略型，那么这个 HR 显然属于事务型。

（4）是缺乏薪酬福利设计，还是缺乏个性化激励

多年前的福利手段一直延续使用，却没有随企业的发展而优化，公司只能用差别式待遇缓解矛盾，谁知却引发员工抱团辞职。

很显然，公司还没有对薪酬结构及福利内容进行系统化设计。但是不是有了系统化设计，这类问题就可以避免呢？

同样是专车接送，为何医院专家坐专车被普遍认可，技术带头人坐专车就引起群情激愤？个性化激励的缺失，让员工看不到自身与技术带头人的本质区别，只是用交通待遇作为唯一的衡量标准。

如何解决类似现象产生的问题？对此可以分为解决当下和长远布局来处理。

（1）解决交通问题，让员工感受到诚意

员工爆发不满的导火索是交通问题，他们不是嫉妒技术带头人，只是模仿其辞职行为，达到改善自身交通的目的。公司必须对员工最关心的交通问题给出明确承诺，而不是分化瓦解这些员工。在招聘难的大环境下，维稳才是王道。

（2）细化薪酬福利标准，让个性化福利成为激励员工的引爆点

技术带头人享受了交通津贴与专车接送，员工或许感到不公平，希望自己也能享受类似的待遇。

HR 可以提炼技术带头人的一些特质，作为享受专车接送的条件，如技

术带头人、高级职称、贡献度、职位等；然后设计成个性化福利，让具有不同条件的员工享受不同金额的交通津贴……让交通津贴成为激励员工的引子。短期看，公司付出了几千元的交通津贴，但长远来看，必然会提升公司的人才成长速度。

（3）做好人才梯队建设

从技术带头人及员工抱团辞职可以看出，公司最缺的是人才梯队建设。如果做好人才梯队建设，技术带头人应该不会这么忙，这么不可或缺。进行人才梯队建设，最关键的是考虑清楚相关利益方，得到相关利益方的支持，这样才能成功。在此基础上，充分发挥 HR 的价值，利用导师制、宽带薪酬、内部竞聘制度等落实人才建设梯队。

（4）战略方向与人力资源定位必须明确

所有问题都源于没有与战略深度结合。总经理的短视表现在行动上就是缺乏规划。如果我们把战略目标分解细化到人均产值、人员流失率等指标，相信数据分析会让总经理很快做出决定。

企业的资源是向优秀的人才倾斜的，管理要做锦上添花，不做雪中送碳。我们要让员工意识到，只有足够优秀，政策才会偏向你。

【管理箴言】

"不患寡而患不均"是企业管理中经常面临的问题。企业的福利机制及激励机制必须有规则、有标准，不能随心而为。没有规则、没有标准就会带来对比和患不均的心理。建立沟通反馈机制、灵活福利机制及基于岗位价值评估的激励机制，才是解决企业类似问题的有效路径。

不正当辞退引发连锁反应，企业为过激行为买单

【管理场景】

同力是一家生产型企业，有员工 200 多人。在进行例行产品抽查时发现有一道工序不达标，经理与生产组长沟通后，认为是其中几位老员工的问题，决定对其进行劝退。其中一位大龄女员工在经理与她谈完话后的第二天上午就买了农药，在车间当场喝下，所幸被现场的其他员工及时发现并送至医院抢救，因抢救及时度过了危险期。

家属以事件发生在公司，是内部管理人员刺激所致，要求公司承担全责。董事长提出费用在 2 万元以下由公司全部承担，超出部分则由其本人承担。那么，HR 该如何处理此类事情呢？

【问题分析】

工序不达标，经理与生产组长沟通后，认为是几个老员工的问题，决定对其进行劝退。这是明显的暴力管理，是将问题聚焦到员工的过激行为。

这样的情景是不是似曾相识：一线经理说辞人就辞人，一些人选择忍气吞声，另一些人则会死磕到底，HR 则永远在收拾烂摊子。

作为当事人，工序不达标，直到检查产品才发现，可见管理相当粗放。既然工序不达标，肯定要找到责任人。如何找责任人？必须用事实说话，用数据说话，而绝不是两个领导碰碰头就确定了一群"背锅"的人。

发生生产质量事故，直接操作的员工肯定有责任，但负责现场管理的组长、经理就能完全免责？三者之间的责任权重到底该如何划分？

出现工序不达标，管理者不去找根本原因，而是辞退自己认为有问题

的员工，这样是霸道的做法！为什么频频出现员工过激伤人等极端行为？这都是因为员工遭受了不公正的待遇，对生活产生了绝望。

面对此事件，HR 该如何处理呢？

（1）了解事件的真相，重新进行责任界定

没有调查就没有发言权。工序不达标，主因在于操作，HR 可通过访谈确认操作者，了解事情的前因后果。为什么会出现工序不达标？是设备保养不到位、操作不规范，还是监督太松散？通过谈话、录音、看视频等方式了解了事件真相，HR 就可以对主要责任和次要责任进行认定了。员工肯定有责任，但直接领导的责任也不能忽视，必须给予相应的处罚。

（2）以此为契机，完善辞退流程

有些企业中 HR 一直在收拾烂摊子，根源就在于辞退流程的严重缺失。工序不达标，是否属于严重违纪？是否造成了严重的经济损失？通过这个事件，HR 应该及时完善辞退流程，并通过培训、考核等方式落实到具体工作中。

（3）找家属沟通，厘清事件的缘由

对于家属来说，HR 可以直接点明公司大事化小、小事化了的出发点：公司本着这个想法来处理事情，幸好员工没出什么大事；员工的医疗费问题，公司可以出面协助解决；对于辞退的补助问题，公司可以给出一定的金额进行补偿；员工情绪波动，工序并不是主因；作为员工采取这样激进的行为，是需要承担相关责任的，公司可以采取相关措施进行举报……

（4）其他员工如何看

一次性劝退好几名员工，唯独这名员工因为自杀未遂不仅得到了赔偿，还保住了工作，其他被劝退员工会不会效仿？

（5）注意舆论影响

作为生产型企业，这样的恶性事件很容易产生负面效应。这时企业必须弱化舆论影响，避免造成不可挽回的损失。

说到底，作为生产型企业的 HR，面对生产经理大事小事一把抓的局面，往往完全没有存在感。这个事件是不错的契机，HR 可以通过此类事件顺势提出相关改善建议：规范相关离职流程、开展基层管理人员的相关培训、优化生产工序责任、明确流程界定程序等。

【管理箴言】

没有规矩，不成方圆。严格地讲，案例中的企业主要是缺少规矩。高效的管理不是基于主观认为，而是基于客观事实与数据，管理者的管理绝不是"跟着感觉走"；发现问题后最关键的行为不应该是处理，而是找原因——是态度问题、行为问题、技能问题、工艺问题，还是设备问题？同时，辞退的流程有没有？管理的责任如何划定？这些都是案例中的企业必须面对的问题。只有问对问题，才能找到答案；只有建立机制，才能"把权力关进制度的笼子里"。

因经营需要搬迁，经济补偿金可以这样设计

【管理场景】

昊鑫公司是一家 300 人左右的制造型企业，在深圳开厂到现在有 10 年了。因深圳的租金很贵，公司管理者去年在西北自购地皮建了厂

房，预计年底厂子要逐步完成搬迁。有些员工愿意到西北工厂，有些员工则不愿意。这些不愿去西北上班的员工在本公司工作有几个月至几年的，有些员工明耗着，在等着这次搬厂的赔偿。因现在大部分员工的合同已到期，要重新签订，对此，HR 该如何规避风险，让企业减少赔偿支出呢？

【问题分析】

不管是被动搬迁，还是主动搬迁，企业做出的搬迁决定均属于企业的经营自主权。企业决策就可以了，无须征得员工同意。

企业搬迁到底是属于劳动合同的履行范畴，还是属于劳动合同事项的重大变更范畴？从深圳搬迁到西北，属于劳动合同事项的重大变更范畴，如果企业要求员工随迁，员工有拒绝的权利。如果员工同意，则双方变更原劳动合同，继续履行；如果员工拒绝，则企业不得强行要求员工到新办公场所上班。

在这种情形下，双方对变更劳动合同事项（工作地点）未达成一致意见，企业可以按照《劳动合同法》第四十条第三项的规定，向员工提出解除劳动合同并支付经济补偿金。企业如何做到法情理兼顾？ HR 要先做好员工分类，然后有针对性地制定方案。

（1）进行民意调查后变更合同

工厂从深圳搬西北，自然是几家欢喜几家愁。很多人来深圳本是迫不得已，现在有机会去西北，当然求之不得了。因此，HR 要通过民意调查，找到愿意跟企业去西北的员工，先签订合同变更，稳定军心。对于搬迁的企业而言，维稳才是核心。

（2）盘点超龄员工

对于超过退休年龄的员工，如保洁、保安等基础岗位，由于劳动合同和劳动关系已经终止，不是《劳动法》和《劳动合同法》调整的对象，用人单位无须支付经济补偿金。

（3）对试用期员工协商解除合同

试用期员工还没有对企业产生归宿感，虽然《劳动合同法》第二十一条规定：在试用期中，除劳动者有本法第三十九条和第四十条第一项、第二项规定的情形外，用人单位不得解除劳动合同。但在实操中，试用期员工协商解除劳动合同的概率还是很大的。

（4）按工龄、年龄分别对员工采取不同的处理方式

工龄越短，赔尝越少；年纪越大，工作越难找。这两类员工是 HR 应该关注的重点。

HR 先按工龄对员工进行分类。有一些工龄长但年富力强的人，这类人不愁工作，劝其自离是最好的方式。

如果员工拒绝自离，则先减少其加班量，再以生产订单不均衡让其放假调休。根据《工资支付暂行规定》第十二条：非因劳动者原因造成单位停工、停产在一个工资支付周期内的，用人单位应按劳动合同规定的标准支付劳动者工资；超过一个工资支付周期的，若劳动者提供了正常劳动，则支付给劳动者的劳动报酬不得低于当地的最低工资标准；若劳动者没有提供正常劳动，应按国家有关规定办理。一般情况下，这类员工都会自离。

最麻烦的是工龄长、年纪大、竞争力很弱的员工。对于这类人直接辞退，企业需要支付很高的经济补偿金；如果劝其自离，难度也很大。因此，HR 可以利用自身资源，对企业的招聘信息进行梳理，有合适的就直接推

荐，解除他们的后顾之忧，尽量做到皆大欢喜。

管理者要求减少赔偿支出，这意味着 HR 必须编制经济补偿金预算。在预算的基础上，如果能通过合理的方法省钱，取得双赢效果，那么这不仅可以体现 HR 的价值，而且能兼顾员工和企业的利益。

【管理箴言】

经营战略发生变化涉及员工利益时，企业一定要在合法、合理的情况下分类制定规则。企业在处理涉及员工利益的问题时，要从企业发展、企业声誉及对在职员工的影响等多方面综合考虑，在达到预期目的的前提下合法、合理地化解经营发展矛盾，这才是最好的成本控制和最有效的管理。

面对不服管的员工，双管齐下收奇效

【管理场景】

去年上半年，华信公司入职一位会计主管。入职以来，她各方面的工作也还算认真，没出现过重大的失误。但是，最近两个月以来，她开始频繁地和上级领导起冲突，有一次甚至从办公室争吵到公司楼道，以至于整个公司的员工都了解此事。HR 也为这件事情对双方进行过多次调解，但仍然没有效果，争吵还是不断。她的上级领导是干了10 多年的老员工。鉴于这种情况，公司想辞退这名员工，并给予一个月的补偿金。

> 但是，HR 和这名员工谈过之后，她的情绪很激动，要求在辞退她的同时，也要把她的上级领导一起辞退了，否则就坚决不同意辞退。请问华信公司该怎么办？

【问题分析】

一小块污泥溅到了衣服上，主人使劲地想把它擦干净，却弄脏了大片的衣服。对此最好的办法是暂时忘记它，过一会儿污泥自然就干了。这时只需轻轻一搓，污泥就脱落了。

（1）辞退财务人员的风险

对于对企业有重要影响的财务主管岗位，在上下级矛盾不断激化的情况下，如果处理不好，会带来以下三方面的风险。

①财务风险

财务风险是指企业在进行财务管理时可能会有一些不规范的行为。这件事情本身风险非常小，但一旦财务人员在失去理智的情况下把企业内部的资料泄密，那么风险就会变得相当大。

②企业经营风险

企业经营风险往往体现在发票或支票不能回收上。财务人员跳槽，往往会涉及发票或支票及企业的资金情况。这些信息的泄露使货款很难回收，风险相当大。

③社会关系风险

企业与政府的关系体现在财务审计、税务和工商事务等方面，每一方面都很重要。社会关系风险是指财务人员走后，企业和政府的关系脱节。因此，企业应及时做好与政府相关部门的沟通，以防范社会关系方面的风险。

（2）辞退中的换位意识

作为一名工作经验丰富的会计主管，来公司半年一直认真敬业，为什么近两个月突然与财务经理频繁争吵，难道她不知道这样做的后果？HR只有深入调查，才能了解整个事情的真相。

①与会计主管换位

做到会计主管，又是处于个人职业上升期，都很爱惜自己的羽毛。HR要考虑到员工可能面临的不良后果：一旦被辞退，整个职业生涯就会受到很大的影响。对于会计主管与升级争吵的不良行为，HR要设法充分运用换位思考，详细了解事情背后的真实原因。

②与财务经理换位

如果将企业比作战场，那么销售和工程等部门是战争的前沿阵地，而财务部掌握资金命脉，是大后方，人力资源部则是政治部。在案例中的这件事上，HR不能先入为主，一定要客观，做到事先沟通联络。与下级争吵，对财务经理自己也有不良影响，但他还是这样做了，深层的原因是什么？是管理风格存在差异，还是业务存在分歧？HR只有换位思考才能更客观。

（3）对辞退时机的把握

人的意识有两个层次：第一个层次是意识，第二个层次是潜意识。潜意识对人的行动影响很大。在辞退员工管理中，如果HR在与员工谈话之前就认为一定无法在良好的氛围中进行谈话，其结果必然不会好，甚至会与员工形成一种心理对峙。

处理这类情绪激动的员工要先稍微缓一缓，几次下来，脾气也就没了。冷静下来后，她应该会意识到无论怎么闹，被辞退已经不可避免了，但工作还要继续进行。等她想明白这些，HR再通过换位思考，从朋友的角度给建议：与其被辞退，还不如主动申请离职，让自己全身而退。

（4）辞退的误区及适用条款

违法辞退主要表现为三大类情形：辞退员工的事实依据不充分；辞退员工的法律依据不准确；辞退员工的操作程序不合法。

在会计主管的辞退上，HR 既要有明确的策略，也要有规范的流程。目前适用的解除劳动合同的方式有三种：双方协商解除劳动合同；劳动者单方解除劳动合同；用人单位单方解除劳动合同。具体用哪种方式，完全看 HR 的沟通技巧了。

HR 主要关注用人单位单方解除劳动合同，即具备法律规定的条件时，用人单位享有单方解除权，无须双方协商达成一致意见，主要包括过错性辞退、非过错性辞退、经济性裁员三种情形。

（5）与上级争吵被辞退

因与上级争吵被辞退而起诉企业的案例屡见不鲜，很多企业都因证据不足而败诉。HR 需要分情况对待：和领导吵架是不应该被辞退的，除非企业规章制度将其明确为严重违规行为。

同样是与上级争吵，对于关键的财务岗位，HR 应避免激化矛盾，使事件升级。HR 应采取合适的策略，在适当的时间进行沟通，保证工作的正常过渡，消除辞退中隐藏的风险。

【管理箴言】

员工和领导吵架是不是要辞退，不能一概而论，吵架是否严重违反企业的规章制度才是关键。当然，找出为什么吵架及吵架背后的原因，才是企业管理必须重视的问题。走了一个，如果再来一个还吵架，怎么办？是为工作争吵，还是为私利争吵？挖出背后的原因，才是避免类似事情的关键；不能一发生问题，就辞退员工。很多时候，辞退员工并不是企业管理最合适的处理方式。如果不能找出问题背后的原因，辞退员工也只是掩盖了问题的本质，企业终将为问题本身买单。

高薪岗位人才是人力资本，不是成本

【管理场景】

金能能源是一家中型煤炭企业，在 2021 年初接到一个大项目，急缺土建工程师，最终在当年 3 月以 35 万元的高额年薪挖了一名符合条件的工程师，并签了三年的合同。当年 11 月，工程已全部完工，土建工程师已没有了具体工作。领导的意思是养着这么一个吃粮大户，实在不划算，让 HR 着手辞退该工程师。由于劳动合同未到期，HR 应该如何终止劳动合同？

【问题分析】

过河拆桥有很多情形，最典型的莫过于刘邦的"过河拆桥"与赵匡胤之"杯酒释兵权"。同样都是"过河拆桥"，刘邦对功臣是直接斩草除根，而赵匡胤则是用金钱福利给予安抚。

HR 要明白桥虽然要拆，但是"拆桥"的方式可以大不一样。如果说刘邦的"拆桥"充满了血腥，那么赵匡胤的"拆桥"则大大体现了理性与人道。

"过河拆桥"这种行为在短视的管理者手里并非偶然现象，尤其在项目类行业。因此，HR 应把此项工作常态化，未雨绸缪，从员工入离职入手，做好辞退高薪人员的全盘布局。

（1）背景调查

高薪人员的背景调查必不可少。通过背景调查，HR 不仅能了解员工的工作状态，更能了解其性格特点，并通过验证员工的离职原因和方式有效借鉴前任企业的经验或教训。

（2）劳动合同

劳动合同必须及时签订，尽量签一年或以完成一定工作任务为目的的合同。对于这家煤炭企业而言，为项目而招的土建工程师最适合签订以完成一定工作任务为目的的合同。

在签订该类合同时，HR 需注意以下事项：①不能设定试用期；②因任务完成而终止的，用人单位依然需支付经济补偿金；③符合法定情形时，劳动者仍可解除以完成一定工作任务为期限的劳动合同。

（3）社保缴纳

社保缴纳尽量及时足额，这样做既保障了员工的合法权益，也规避了企业的管理风险。在与高薪员工谈辞退时，承诺其社保连续性缴纳也是缓和矛盾的有效措施。

（4）资质证书的管理

像工程师、建造师等岗位不仅需要本人到岗，还需要相应的资质证书才能满足要求。但是，很多证书注册以年度为限，且需每年一审。这是一个维系双方关系的纽带：虽然不得不终止合作，但企业肯定要对相关资质证书管理到位，离开的员工需要转移资质证书时随时来办理转移手续就好。

（5）保密协议竞业限制的签订

高管或高薪人员往往会被要求签订此类协议。企业签这类协议的目的并不是要约束员工，影响其再次就业，而是在控制风险的前提下体现企业的人性化：有合适的用人单位就由其去，管理者更多考虑的应是员工未来的发展。

（6）完善的制度体系

对于佛系员工，辞退相对简单；对于情绪化员工，当辞退陷入僵局时，完善的制度体系及有效力的相关证据将在合法辞退或应对仲裁时起到举足轻重的作用。

（7）合法解除

因客观情况变化导致原合同不能继续履行，HR可以与对方协商解决；协商不成的，依法解除，支付经济补偿金。按法律规定，解除合同的，应提前三十日通知，或给付一个月的工资做补偿。

（8）注意事项

这类高管或高薪人员在企业的年限不长，却为企业创造了极大的价值。企业在辞退这类高管或高薪人员时应速战速决，尽量在协商一致后解除合同，避免通过仲裁等途径影响自身在行业内的口碑。

HR的角色有两个：一个是知心小弟，另一个是桥梁纽带。除了辞退员工，如何让管理者意识到高薪人员是资本而非成本，杜绝此类事件的再次发生，似乎更有价值。

【管理箴言】

很多企业都会存在短视行为，实践中完全可以签订以完成一定工作任务为期限的劳动合同，或采用劳务合作、顾问等灵活用工形式，提前与劳动者沟通好工作方式、工作要求等，这同样能达到预期目的，而且企业管理风险和声誉损失都相对小得多。人力资源是资本而不是成本的理念在很多企业还没有形成，HR 需要学会影响决策者，只有成为业务伙伴，才能真正体现价值。

离职管理相关法条

【劳动法】（2018 年）

第四条 用人单位应当依法建立和完善规章制度，保障劳动者享有劳动权利和履行劳动义务。

第二十四条 经劳动合同当事人协商一致，劳动合同可以解除。

第二十五条 劳动者有下列情形之一的，用人单位可以解除劳动合同：

（一）在试用期间被证明不符合录用条件的；

（二）严重违反劳动纪律或者用人单位规章制度的；

（三）严重失职，营私舞弊，对用人单位利益造成重大损害的；

（四）被依法追究刑事责任的。

第二十六条 有下列情形之一的，用人单位可以解除劳动合同，但是应当提前三十日以书面形式通知劳动者本人：

（一）劳动者患病或者非因工负伤，医疗期满后，不能从事原工作也不能从事由用人单位另行安排的工作的；

（二）劳动者不能胜任工作，经过培训或者调整工作岗位，仍不能胜任工作的；

（三）劳动合同订立时所依据的客观情况发生重大变化，致使原劳动合同无法履行，经当事人协商不能就变更劳动合同达成协议的。

第二十七条 用人单位濒临破产进行法定整顿期间或者生产经营状况发生严重困难，确需裁减人员的，应当提前三十日向工会或者全体职工说明情况，听取工会或者职工的意见，经向劳动行政部门报告后，可以裁减人员。

用人单位依据本条规定裁减人员，在六个月内录用人员的，应当优先录用被裁减的人员。

第二十八条 用人单位依据本法第二十四条、第二十六条、第二十七条的规定解除劳动合同的，应当依照国家有关规定给予经济补偿。

【劳动合同法】（2012）

第三十五条 用人单位与劳动者协商一致，可以变更劳动合同约定的内容。变更劳动合同，应当采用书面形式。

变更后的劳动合同文本由用人单位和劳动者各执一份。

第三十六条 用人单位与劳动者协商一致，可以解除劳动合同。

第三十九条 劳动者有下列情形之一的，用人单位可以解除劳动合同：

（一）在试用期间被证明不符合录用条件的；

（二）严重违反用人单位的规章制度的；

（三）严重失职，营私舞弊，给用人单位造成重大损害的；

（四）劳动者同时与其他用人单位建立劳动关系，对完成本单位的工作任务造成严重影响，或者经用人单位提出，拒不改正的；

（五）因本法第二十六条第一款第一项规定的情形致使劳动合同无效的；

（六）被依法追究刑事责任的。

第四十条 有下列情形之一的，用人单位提前三十日以书面形式通知劳动者本人或者额外支付劳动者一个月工资后，可以解除劳动合同：

（一）劳动者患病或者非因工负伤，在规定的医疗期满后不能从事原工作，也不能从事由用人单位另行安排的工作的；

（二）劳动者不能胜任工作，经过培训或者调整工作岗位，仍不能胜任工作的；

（三）劳动合同订立时所依据的客观情况发生重大变化，致使劳动合同无法履行，经用人单位与劳动者协商，未能就变更劳动合同内容达成协议的。

第四十七条 经济补偿按劳动者在本单位工作的年限，每满一年支付一个月工资的标准向劳动者支付。六个月以上不满一年的，按一年计算；不满六个月的，向劳动者支付半个月工资的经济补偿。

劳动者月工资高于用人单位所在直辖市、设区的市级人民政府公布的本地区上年度职工月平均工资三倍的，向其支付经济补偿的标准按职工月平均工资三倍的数额支付，向其支付经济补偿的年限最高不超过十二年。

本条所称月工资是指劳动者在劳动合同解除或者终止前十二个月的平均工资。

第四十八条 用人单位违反本法规定解除或者终止劳动合同，劳动者要求继续履行劳动合同的，用人单位应当继续履行；劳动者不要求继续履行劳动合同或者劳动合同已经不能继续履行的，用人单位应当依照本法第八十七条规定支付赔偿金。

【最高人民法院关于审理劳动争议案件适用法律问题的解释（一）】

法释〔2020〕26 号

第三十五条 劳动者与用人单位就解除或者终止劳动合同办理相关手续、支付工资报酬、加班费、经济补偿或者赔偿金等达成的协议，不违反法律、行政法规的强制性规定，且不存在欺诈、胁迫或者乘人之危情形的，应当认定有效。

前款协议存在重大误解或者显失公平情形，当事人请求撤销的，人民法院应予支持。

第四十三条　用人单位与劳动者协商一致变更劳动合同，虽未采用书面形式，但已经实际履行了口头变更的劳动合同超过一个月，变更后的劳动合同内容不违反法律、行政法规且不违背公序良俗，当事人以未采用书面形式为由主张劳动合同变更无效的，人民法院不予支持。

第四十四条　因用人单位做出的开除、除名、辞退、解除劳动合同、减少劳动报酬、计算劳动者工作年限等决定而发生的劳动争议，用人单位负举证责任。

第五十条　用人单位根据劳动合同法第四条规定，通过民主程序制定的规章制度，不违反国家法律、行政法规及政策规定，并已向劳动者公示的，可以作为确定双方权利义务的依据。

用人单位制定的内部规章制度与集体合同或者劳动合同约定的内容不一致，劳动者请求优先适用合同约定的，人民法院应予支持。

离职管理相关工具

【劳动合同不续签通知书】

_____ 先生 / 女士：

我公司与你签订的劳动合同将于 ____ 年 __ 月 __ 日期满。因公司业务需要及你本人劳动合同期内的工作表现，公司决定不与你续签劳动合同，原劳动合同到期终止。

特此通知。

年　月　日

（盖章）

本通知书按以下方式送达：

（1）本人签收。

本人签字：　　　　　　　　时间：　年　月　日

（2）送达本人，本人拒绝签收。

证明人：　　　　　　　　　时间：　年　月　日

（3）EMS 送达合同约定的通信地址。

EMS 编号：　　　　　　　　时间：　年　月　日

【终止劳动合同通知书】

_____ 先生 / 女士：

由于 _____ 原因，根据《中华人民共和国劳动合同法》第 ____ 条之规定以及双方签订劳动合同书第 ____ 条的约定，你与我公司签订的劳动合同书于 ____ 年 __ 月 __ 日终止。请于 ____ 年 __ 月 __ 日前办理离职手续。

特此通知。

年　月　日

（盖章）

本通知书按以下方式送达：

（1）本人签收。

本人签字：　　　　　　　　时间：　年　月　日

（2）送达本人，本人拒绝签收。

证明人：　　　　　　　　　　时间：　　年　月　日

（3）EMS 送达合同约定的通信地址。

EMS 编号：　　　　　　　　　时间：　　年　月　日

【解除劳动合同通知书】

_____ 先生 / 女士：

你与我公司于 ____ 年 __ 月 __ 日签订的 ____ 期限的劳动合同书（编号：____），合同期限为 ____ 年 __ 月 __ 日至 ____ 年 __ 月 __ 日。现因 _____ 原因，根据《中华人民共和国劳动合同法》第 ___ 条之规定以及双方签订劳动合同书第 _____ 条的约定，于 ____ 年 __ 月 __ 日解除劳动合同。你的薪酬结算至 ____ 年 __ 月 __ 日，住房公积金、社会保险费和企业年金缴纳至 ____ 年 __ 月。请你于 ____ 年 __ 月 __ 日前到公司办理解除劳动合同手续。

特此通知。

年　月　日

（盖章）

本通知书按以下方式送达：

（1）本人签收。

本人签字：　　　　　　　　　时间：　　年　月　日

（2）送达本人，本人拒绝签收。

证明人：　　　　　　　　　　时间：　　年　月　日

（3）EMS 送达合同约定的通信地址。

EMS 编号：　　　　　　　　　时间：　　年　月　日

【解除劳动合同证明书】

_____ 先生／女士（身份证号码：_____），于 ___ 年 __ 月 __ 日与我单位签订的劳动合同期限为 _____ 期限的劳动合同书（编号：_____），原工作岗位 _____，本单位工作年限 ___，因 _____ 原因，于 ___ 年 __ 月 __ 日解除劳动合同。

特此证明。

年　月　日

（盖章）

....

解除劳动合同证明书（副本）

_____ 先生／女士（身份证号码：_____），于 ___ 年 __ 月 __ 日与我单位签订的劳动合同期限为 _____ 期限的劳动合同书（编号：_____），原工作岗位 _____，本单位工作年限 _____，因 _____ 原因，于 ___ 年 __ 月 __ 日解除劳动合同。

特此证明。

年　月　日

（盖章）

员工本人签字确认以上证明内容无误。

员工签字：　　　　　　　　　　　年　月　日

【某集团劳动合同管理办法】（摘要）

第五章　劳动合同的解除和终止

第四十五条　用人单位与员工协商一致，可以解除劳动合同。

第四十六条　用人单位未按《劳动合同法》及劳动合同约定要求，为员工提供劳动保护、劳动报酬、社会保险等合同约定行为的，员工可以解除劳动合同。

第四十七条 员工有下列严重违反用人单位规章制度情形之一的，用人单位应解除劳动合同：

（一）被用人单位留用察看期内再次发生违规违纪行为的；

（二）连续旷工三日及以上的，或一年内累计旷工十日及以上的；

（三）休假或培训的人员，用人单位通知其回本单位工作，在五日内未返回的；

（四）待岗员工未按用人单位规定参加学习培训的；

（五）以欺诈（学历造假、证书造假、业绩造假等不诚信行为）手段，使用人单位在违背真实意思的情况下订立劳动合同的；

（六）国家法律法规及公司规章制度规定的其他情形。

第四十八条 员工不胜任岗位工作，经培训或调整工作岗位后仍不能胜任工作的，用人单位应提前三十日以书面形式通知解除劳动合同。包括下列情形：

（一）待岗员工待岗期满学习培训考试不合格的；

（二）待岗员工待岗学习培训考试合格重新上岗后，当年绩效等级为不合格的。

（三）用人单位规章制度规定的其他情形。

第四十九条 人力资源管理部门根据可以解除员工劳动合同的相关证据，经履行决策程序后向员工送达解除劳动合同通知书，办理解除劳动合同相关手续。在试用期内解除劳动合同的，须在试用期结束前办理解除劳动合同相关手续。用人单位单方解除劳动合同的，应当事先将理由通知工会，用人单位应当研究工会的意见，并将处理结果书面通知工会。

第五十条 劳动合同期满，劳动合同即行终止，终止时间按劳动合同期限最后一日的 24 时为准。

第五十一条 符合国家和地方法律法规、用人单位规章制度规定的劳动合同解除或终止情形的，经履行相应程序后，双方可解除或终止劳动合同。

第 4 章

特殊群体管理

当员工患上传染性疾病时，要做到人文关怀至上

【管理场景】

> 格威斯是一家做环保产品的公司，在 7 月时组织了一年一度的职工体检，有三个员工被查出患有乙肝。这几个员工所在部门的同事私下议论纷纷，大家都很担心自己有可能被传染。有人找到人力资源部，以人身健康为由要求调岗。人力资源部也是一筹莫展，不知道该如何消除员工的恐慌心理。

【问题分析】

很多企业因不懂得普通传染病的病因与传播途径，往往视传染病为洪水猛兽，对凡是检查出患有乙肝等传染病者一律拒之门外，即使在职员工也不例外。员工被查出患有乙肝，如果 HR 纠结的却是如何消除其他人员的恐慌心理，岂不知这才是对患病员工最大的伤害。

对于基本医疗常识，很多人匮乏到让人啼笑皆非的程度。针对员工在体检过程中查出患有乙肝一事，人力资源部必须明确态度，做到人文关怀至上。

（1）乙肝并不可怕，不会通过日常生活传染

根据《预防控制乙肝宣传教育知识要点》可知，乙肝通过血液、母婴和性接触三种途径传播，日常生活和工作接触不会传播乙肝病毒。乙肝病毒携带者在工作和生活能力上和健康人没有区别。由于乙肝传播途径的特殊性，乙肝病毒携带者在生活、工作、学习和社会活动中不会对其他同事构成威胁。

针对员工恐慌，HR 可邀请第三方医疗机构人员进行乙肝常识方面的专题培训，并现场接受员二询问，提升员工对乙肝的认知，从源头上消除恐慌。

原劳动保障部、卫生部关于维护乙肝表面抗原携带者就业权利的意见中明确指出，除国家法律、行政法规和原卫生部规定禁止从事的易使乙肝扩散的工作外，用人单位不得以劳动者携带乙肝表面抗原为由拒绝招用或者辞退乙肝表面抗原携带者。

（2）乙肝携带者不该受到歧视

尽管国家一再出台相关文件保护乙肝病毒携带者，但是乙肝病毒携带者依然受到各种歧视。据统计，目前我国有超过一亿的乙肝病毒携带者。这种盲目歧视会对这个群体的生活和就业造成多大的影响？

近年来，国家在保护乙肝病毒携带者平等就业方面出台或修订了很多法律法规，在一定程度上缓解了对乙肝病毒携带者的就业歧视，但依然存在用人单位歧视或不招收这类人员、个别人极端歧视的现象。

（3）规范体检，尊重个人隐私

一个常规的在职体检为什么会包含乙肝项目，还闹得人尽皆知？

实际上，如果未经乙肝病毒携带者本人同意，体检机构或用人单位都无权检测乙肝项目；有关检测乙肝项目的检测报告应密封，由受检者自行拆阅，任何单位和个人不得擅自拆阅他人的体检报告。

无独有偶，因在入职体检中被查出是乙肝病毒携带者，两名大学生被某铝制造企业拒绝录用，两人一纸诉状将用人单位和体检中心分别诉至所在地人民法院。在诉状中，两人分别要求法院判令被告单位和被告医院支付经济损失和精神损害赔偿金。

案例中如果人力资源部同意某员工的调岗申请，那么无疑是在助长对乙肝病毒携带者的歧视；如果调岗引起跟风，那么这是不是对乙肝病毒携带者最大的冷暴力呢？

人力资源部要意识到：将乙肝项目纳入体检范畴，企业违法在先；员工体检信息泄露，HR 有不可推卸的责任。在整个事件中，患病员工是无辜受害者。HR 要做的就是避免矛盾激化，既要做好乙肝携带者的安抚，也要消除其他员工的恐慌情绪。

【管理箴言】

员工常规性体检是一种福利，也是企业预防性管理的一种手段，但相关体检内容及健康信息是不允许随意增加和披露的。企业在管理过程中不要人为地造成内部矛盾和恐慌，既不能在管理中有任性和歧视行为，更不能随便披露员工的隐私。管理不仅仅是工具的使用，更是规则的建立和维护。

对于考察期较长的岗位，要区分合同签订与试用期考核

【管理场景】

《劳动合同法》规定新员工入职一个月内必须签订劳动合同，否则企业将面临支付二倍工资的风险。目前有个问题，我们公司有些技术工种的岗位要求比较高，在一个月内无法判断员工能否胜任，因此在实际操作中，有些车间就将此类员工的劳动合同延后，直到能判断这

个员工适合这个岗位再签订，这样就超出了一个月的期限。在这种情况下，HR 该如何处理才能规避风险呢？

【问题分析】

这是把劳动合同签订与试用期考核混为一谈了。实际上，签订劳动合同与员工能否胜任岗位是完全不同的概念，两者之间没有必然的因果联系。无论是签订劳动合同，还是约定试用期，都应该以法律为准绳，企业千万不可触碰底线。因此，HR 在讨论如何规避风险之前，有必要先熟悉几个法律条款。

（1）劳动合同签订

《劳动合同法》第十条规定：建立劳动关系，应当订立书面劳动合同；已建立劳动关系，未同时订立书面劳动合同的，应当自用工之日起一个月内订立书面劳动合同；用人单位与劳动者在用工前订立劳动合同的，劳动关系自用工之日起建立。

劳动合同必须在一个月内签订，这是法律明文规定的，企业别无选择，必须签；"否则企业将会面临支付二倍工资的风险"。

（2）试用期约定

《劳动合同法》第十九条规定：劳动合同期限三个月以上不满一年的，试用期不得超过一个月；劳动合同期限一年以上不满三年的，试用期不得超过二个月；三年以上固定期限和无固定期限的劳动合同，试用期不得超过六个月。

对于普通技术岗位，企业可以考虑与员工签订一至三年的劳动合同，试用期不超过二个月；对于高级技术岗位，企业可以考虑和员工签订三年以上的合同，试用期不超过六个月。企业还可以在员工入职满一月期限前签订劳动合同，为试用期增加点考察时间。

（3）试用期约定的次数与时限

《劳动合同法》也明确规定：同一用人单位与同一劳动者只能约定一次试用期；用人单位不得延长或增加试用期限；以完成一定工作任务为期限的劳动合同或者劳动合同期限不满三个月的，不得约定试用期；试用期包含在劳动合同期限内；劳动合同仅约定试用期的，试用期不成立，该期限为劳动合同期限。

《劳动合同法》针对滥用试用期、试用期过长等问题做出了有针对性的规定。HR如何在合规的前提下签订劳动合同，约定试用期，并判断这些技术工人是否胜任工作，有效避免试用期的延长呢？

（1）选择合适的劳动合同期限

既然一个月内无法判断是否胜任，三个月或六个月呢？这提醒HR在签订劳动合同时，尽量选择三年以上的合同期限，这样才能合法享有六个月的试用期。

HR在与技术工人谈试用期期限时，一般控制在1～3个月相对合适。从心理学角度看，员工都想尽量缩短试用期。如果约定一个月的试用期，在期限内未判断出员工的胜任能力，企业想延长试用期，不但法律不允许，员工也有较大的心理落差。

（2）加强招聘深度，避免试用期辞退风险

《劳动合同法》第二十一条规定：在试用期中，除劳动者有本法第三十九条和第四十条第一项、第二项规定的情形外，用人单位不得解除劳动合同。用人单位若想以"不符合录用条件"为由解除劳动合同，需要说明理由。

招聘是企业选人的第一关，要想避免试用期辞退风险，就必须在招聘上下功夫，做好人才画像，如细化岗位胜任资格、明确录用条件、设计胜任模式等，特别是做好岗位背景调查，从而降低不胜任的概率。

（3）开展"导师带徒"，促进技能发挥

试用期的最终目的是什么？是为了明确判断员工的岗位胜任能力是否匹配岗位和企业发展的需求。

设置层层障碍可以评定员工的能力。合理引导，适当赋能，更容易达到这个目的。因此，企业应创造更好的工作氛围，帮助新入职的员工发挥技术特长，"导师带徒"就是一种不错的选择。

（4）开展专业技能培训

每个技术工人都有自身最擅长的一面，企业的大环境并不一定适合每个人发挥特长。因此，企业不能被动地考核员工，而是可以适当地开展相关培训，加强知识和技能拓展，提高员工技能，达到企业对岗位的要求。

（5）创新考核模式

很多企业对试用期员工考核就是一张工作总结表加一张转正申请表，这显然不能有效贯穿员工的整个试用期。如何更动态地考核试用期员工，这就要求我们不断创新考核模式，动态地判断员工的岗位胜任能力。

（6）一分为二地看待不合格员工

试用期不合格的员工是否只有辞退一条路可走？答案显然是否定的。做招聘的都知道，合适的人难招，招到合适的技术工人更是难上加难。在眼下招工困难的大环境下，辞退不应当是唯一的选择：对品德一般、技能较好的员工须加强管理和约束，期待改善；对技能一般，但品德尚可的员工，可以加强继续教育和培训，期待提高；对品德差、技能也差的员工，企业则要及时止损。

【管理箴言】

考察新员工的关键点在人才画像，以及基于人才画像的任职资格和能力素质模型的构建。从甄选到试用期评价，企业都应建立一套评价机制，以通过行为、能力及绩效表现来判断任职者是否匹配岗位。规避招聘无人才画像、试用期无评价标准及是否胜任无客观依据的尴尬局面，不断优化完善企业的人才评价机制。

女员工未婚先孕，企业不能以怀孕为由解除劳动合同

【管理场景】

连心桥连锁公司有一名 1992 年出生的女员工未婚先孕，其性格桀骜、行为散漫。她在运营部负责门店检核及人员带教，怀孕后对待工作更是敷衍。公司安排其外出检核门店或周末促销活动支持时，她均以各种借口拒绝工作。

部门主管对此事左右为难，考虑到她已经怀孕，在安排外出工作时尽量协调。但是，她经常拒绝配合，对部门其他员工造成非常恶劣的影响。同时，对于怀孕的员工，公司也不能直接解除劳动合同。那么，HR 该怎么办呢？

【问题分析】

对于怀孕的员工，企业能否解除劳动关系？我们先看相关法律。

《女职工劳动保护规定》第四条规定：不得在女职工怀孕期、产期、哺乳期降低其基本工资，或者解除劳动合同。《妇女权益保护法》规定：任何单位不得以结婚、怀孕、产假、哺乳为由，辞退女职工或者单方解除合同。《劳动法》第二十九条规定：女职工在孕期、产期、哺乳期内，用人单位不得依据劳动法第二十六条、第二十七条解除劳动合同。《劳动合同法》也规定了女职工在"三期"期间，用人单位不得依据本法第四十条、第四十一条解除劳动合同。

这样看来，与怀孕的员工解除劳动合同几乎是不能完成的事，但并非无懈可击。《劳动法》及《劳动合同法》均未限制用人单位在劳动者有过错的情况下解除劳动合同。

《劳动法》第二十五条规定，劳动者有下列情形之一的，用人单位可以解除劳动合同：

（一）在试用期间被证明不符合录用条件的；

（二）严重违反劳动纪律或者用人单位规章制度的；

（三）严重失职，营私舞弊，对用人单位利益造成重大损害的；

（四）被依法追究刑事责任的。

《劳动合同法》第三十九条规定，劳动者有下列情形之一的，用人单位可以解除劳动合同：

（一）在试用期间被证明不符合录用条件的；

（二）严重违反用人单位的规章制度的；

（三）严重失职，营私舞弊，给用人单位造成重大损害的；

（四）劳动者同时与其他用人单位建立劳动关系，对完成本单位的工作任务造成严重影响，或者经用人单位提出，拒不改正的；

（五）因本法第二十六条第一款第一项规定的情形致使劳动合同无效的；

（六）被依法追究刑事责任的。

以上条款是 HR 工作立于不败之地的法律依据，也是企业解除"三期"女职工劳动关系时可以依据的内容。HR 可从以下几方面来解决问题。

（1）试用期内提供证明不符合录用条件的证据

HR 如何提供不符合录用条件的证据呢？如果有明确的岗位要求、清晰的考核标准，那么很简单；如果没有，则可以通过下发整改书达到收集证据的目的，整改书最好由部门负责人和本人签字确认。

（2）严重违反用人单位的规章制度

很明显，第一步企业必须建立完善的规章制度。无制度，又何谈违反？第二步企业必须重点突出"严重违反"规章制度，对"严重必须"有明确的定义。例如，造成企业直接或间接经济损失 2000 元以上；不执行上级命令三次以上者，视为严重违反规章制度等。有了规章制度，HR 只要按步骤落地执行就可以了。

（3）严重失职

正常情况下，员工各司其职，工作安排可在晨会等公开场合进行，并形成文字版发送到钉钉群或工作邮箱。当员工以非正当理由拒绝配合或执行时，如果造成恶劣影响或经济损失，HR 可通过记过处罚等方式，书面确认为严重失职。

（4）协商劝退

案例中，因怀孕的员工态度恶劣，已经对整体工作氛围造成极坏的影响，考虑到员工的经历和背景，人性关怀应该很难奏效。因此，HR 要先沟通，看其态度，如果有显著改变，建议留用察看；如果沟通后员工依然我行我素，甚至变本加厉，则可以在证据充足的前提下劝退。

对于"三期"女职工的劳动合同解除，HR 必须以法律为依据，用证据说话。对于员工的无理取闹，HR 必须坚持原则，同时提升沟通技巧，避免激化矛盾。

【管理箴言】

> 女员工"性格桀骜，行为散漫"，并不是怀孕后才表现出的行为。企业在安排其"周末促销活动支持"工作时，是否考虑到"三期"女职工的特殊情况？如果企业对"三期"女职工，特别是孕期女职工的照顾、关爱不到位，没有考虑到其生理变化的情况，依然按原有的工作节奏安排工作，势必会存在"逆来顺受"或"奋起抵抗"现象。企业在处理"三期"女职工的劳动纠纷时，在法理、情理上都要行得正，才能站得稳。

应对员工消极泡病假，管理要有方法

【管理场景】

> 金丰是一家国有煤炭公司，由于最近两年煤炭效益大幅下滑，公司出现了亏损现象。随之而来的便是精简各项成本，员工的工资大幅下降，造成在岗人员的工作积极性大大下降。

最让人头疼的是请"病假"的员工。所谓"病假"就是员工（实际上身体很健康）到医院托关系找医生开个门诊病历，写上"某某病，建议在家休息、静养（三个月、半年、一年、二年）"，然后拿来请假。这样一来，公司还要给他开病假工资和承担社保费用。

请问怎样才能让准备请"病假"的员工人数减少或不再增加？对于已经请过这样"病假"的员工该怎么处理？

【问题分析】

病假期是指员工患病或非因工负伤，医嘱要求员工治病休息，停止工作、不得上班的期间。病假期到底有多长，不取决于法律怎么规定，而取决于生理状况，即医嘱要求员工治病休息多长时间。因此，病假期是不固定的。

《关于加强企业伤病长休职工管理工作的通知》中规定：职工因伤病需要休假的，应凭企业医疗机构或指定医疗机构开具的疾病诊断证明，并由企业审核批准。也就是说，医院的门诊病历只有建议权，决策权还在企业手里。

现实中，企业很少拒绝员工的病假申请。休病假是员工的一项基本权利，不用经过用人单位批准就可以享有，用人单位也不能以任意理由随意剥夺员工的这项权利。因此，休病假由医嘱说了算。

面对企业效益下降，员工请"病假"成风，HR应该怎么办？

（1）制度不可少

病假管理制度必须符合实际情况，具有较强的可操作性，避免空泛的定义和模糊的条款。要做到程序合法、内容合法、实操性强，这是杜绝病假的前提。对于虚假申请病假的员工，可视为严重违纪给予辞退。

（2）流程不可少

流程的合理性对泡病假有很大的约束性。例如，病假申请单上可对项目进行细化，如坐诊大夫的姓名、联系方式、医院的级别、各种病情是否需要指定定点医院等。总之，加大病假的申请难度。

（3）监督不可少

员工明目张胆地泡病假，HR 该怎么监督？企业可建立病假复查制度，规定员工累计休病假超过一个月，必须去指定医院复查以核实病情，并以复查结果作为最终依据。HR 可以借鉴保险公司在理赔时对投保人的医疗情况进行调查的做法。

（4）成本意识不可少

三个月、半年、一年、二年……这样的病假会让企业背着多大的包袱？如果想规避员工滥用病假，不妨在绩效及奖金中将病假引入考核；如果想引起员工对病假的高度重视，则可以将出勤作为评先进及升职加薪的考虑指标。

（5）信心不可少

"病假"泛滥有时不是人有问题，而是员工的信心有了问题。当企业出现亏损时，员工往往会抱着做一天和尚撞一天钟的心态，从而导致"病假"不减反增。因此，HR 在确保企业利益的同时，还要重塑员工的信心。

那么，HR 如何做，既能维护员工的正常权益，又能确保企业的利益，不让某些人钻制度的空子呢？在不影响员工自由就医的前提下，HR 可以通过加强制度流程建设、选择适合的医疗机构、加强监督、完善病假审批程序、增强成本意识、树立员工的信心、营造良好的文化氛围等措施来努力达成目标。

【管理箴言】

《劳动合同法》规定，劳动者患病或非因工负伤，在规定的医疗期内，用人单位不得解除劳动合同。但是，这并不代表企业就必须认可病假证明书或诊断证明中写明的诊断结论。企业完全可以制定相关规则，约束不同情境下休病假的要求以及严重违反企业规章制度的行为，如提供费用清单、病历证明等。企业应向有关医院取证，在甄别因病休假真实性的前提下，对"泡病假"行为给予果断处理，必要时解除劳动合同，这才是上策。当然，从企业长期发展而言，企业走出困境，创新发展才是最根本、最有效的解决对策。

从事有职业危害作业的员工离职，可以申请工伤认定

【管理场景】

企业要求从事有职业危害作业的员工在离岗或离职前三十天内，必须进行职业健康检查。但是，员工认为太麻烦，很多人都采取自离的方法来规避。

企业的应对方式是要求员工写自愿放弃离职体检的书面说明，近期工会劳动保护稽核人员指出这种说明没有法律效力，建议企业采取员工不进行离职体检不予办理离职手续的做法来规避风险。但是，社

会与环境责任（Social & Environmental Responsibility, SER）规定中指出 "员工享有自由离职的权力"，这种做法违背了 SER，存在不被企业客户认可的风险。请问 HR 该怎么做？

【问题分析】

众所周知，ISO 9000 质量体系认证是最基本的要求，此外很多企业还需要经过职业健康安全管理体系认证。企业依据相关规定，要求从事有职业危害作业的员工离岗或离职前三十天内必须进行职业健康检查，这是必要条件。

职业健康检查与即将离职的员工有多大关联呢？很少有员工意识到 "职业健康体检" 是一种权利，是与个人利益密切相关的健康保障。因此，HR 要把职业健康检查与员工利益捆绑起来，这样才能让 "职业健康体检" 这种强制性义务真正落地。

自愿放弃离职体检的书面说明已经被工会劳动保护稽核人员指出没有法律效力，他们建议企业推行的不做离职体检就不办理离职手续的模式又和 SER 规定冲突，存在不被客户认可的风险。这似乎陷入了死循环，该如何解决呢？

一种做法是减少离职数量，降低离职率。既然规定离职前三十天内必须进行职业健康检查，我们就加强员工关系管理，多渠道进行沟通，做好入职管理、在职管理与离职管理，从根本上减少离职体检的数量。

另一种做法是持续地给员工宣导。员工之所以不配合离职体检，是因为没看到其中的意义。因此，在入职培训、平时会议等各个场合，HR 要不断宣讲职业健康体检的意义：这不仅是企业的要求，而且对个人健康更有价值。通过长期宣导，可以让员工认可职业健康体检，从被动体检到主动配合。

从安家费到体检津贴，激励性质都相同。如果员工看不到职业健康检查的意义，HR不妨通过改变薪酬结构达成离职体检。例如，可在薪酬中增加体检津贴项目。它和安家费的作用类似，区别在于安家费正式入职就支付，体检津贴则在离职体检后才能享受。算个总账，薪酬总额并没有增加，却在一定程度上增加了员工体检的积极性。

采取逆向思维，有时候更容易找到答案。从事有职业危害作业的员工离职，必须在三十天内进行职业健康检查。除了按要求检查之外，HR还可以采取逆向思维，把消灭离职作为突破口。试想，如果企业没有员工离职，当然就不存在职业健康检查了。按照这个思路，HR就可以修订企业的离职管理制度，对离职操作进行适当变革，淡化自离的概念。

从长远考虑，从事有职业危害作业的员工离职，可以申请工伤认定。《职业病防治法》第三十二条规定：对从事接触职业危害作业的劳动者，用人单位应当按照国务院卫生行政部门的规定组织上岗前、在岗期间和离岗时的职业健康检查，并将检查结果如实告知劳动者。因为职业病都是慢性病，潜伏期比较长，离职做职业健康检查可以防患于未然。

企业的制度是为了更好地使管理落地，最大程度展现人文关怀。HR要站在共赢的立场做制度建设，要避免制度流于形式或成为工作的阻碍。

【管理箴言】

案例的关键点在于企业是否履行相应的义务。企业应该在入职培训、在职培训中主动履行宣传义务，通过书面告知使员工知悉离岗前职业健康检查的必要性，通知应明确检查的时间、地点等。特别注意应具有对职业危害方面的权利豁免条款，对自离的员工要发函通知。对拒不参加离岗前职业健康检查的员工，企业应及时向工会及卫生、劳动等行政部门报告，并说明情况，以规避风险。

企业注销，"三期"女员工依然可以保障自身权益

【管理场景】

某集团旗下有一家全资子公司，因为长期亏损，总公司决定注销该子公司，其业务合并到另一家全资子公司，人员可以与企业协商解除劳动关系，也可以在全集团范围内应聘上岗。现在有一名正在休产假的员工，年龄 35 岁，平时工作能力差，与同事的关系也不太好。领导让人力资源部想办法，在不违反法律的情况下，借这次人员调整与该员工解除劳动关系。请问，该如何与"三期"女员工解除劳动关系呢？

【问题分析】

企业由于各种原因要注销，必须严格按照法律、法规进行处理。在具体操作过程中，企业要着重处理好一些特殊情况，如因生育而休产假的女职工等。这是一类特殊的群体，企业必须慎重考虑，在依法、依规的前提下通过协商妥善解决。

当出现宣告破产、被收购、企业章程规定营业期限届满、企业内部分立或解散，或一些业务经营方式不规范被依法责令关闭时，企业可以申请注销，吊销营业执照。

企业在注销之前，首先要做清算。清算是一种法律程序。未经清算就自行终止的行为没有法律效力，不受法律保护。清算时应支付拖欠的员工工资和各项赔偿费用，这是企业注销必经的程序。如果企业资不抵债，这种情况下企业应当申请破产。如果有证据证明企业存在转移资产的行为，员工可通过法律手段追回被转移的资产。

在企业清算阶段，员工具有优先清偿薪资与福利的权利。因此，做好员工关系最后的终止工作是企业在注销之前必须完成的重要工作，企业注销前应在法律规定的范围内妥善处理内部员工的劳动关系。

在了解了注销及清算的内容后，HR 如何在不违反法律的情况下，借这次人员调整与该员工解除劳动关系呢？

《中华人民共和国公司登记管理条例》第四十五条规定，经公司登记机关注销登记，公司终止。企业法人被依法注销后，其法人资格与经营资格即告终止，公司也因此丧失了用工主体资格。劳动合同是劳动者与用人单位确立双方权利义务的协议，用人单位失去法人资格，自然也就丧失了继续履行劳动合同的能力，劳动关系因一方失去主体资格而无法继续存续。

原子公司在申请注销时应依法终止与员工的劳动合同，并根据《劳动合同法》第四十六条的规定向员工支付经济补偿金。这条对于休产假的女员工同样适用。

从法律角度而言，新子公司是独立于原子公司的法人实体，对被依法注销企业的员工是否予以接收或安置，仅是该公司的自愿行为，法律并无强制性规定，但前提是未出现资产或人员转移至另一家子公司。

两家子公司是法律上相互独立的主体，可以就员工补偿问题达成协议。如果在注销清算前按照法律规定向员工支付了相应的经济补偿金，就可以与员工重新建立劳动关系并签订劳动合同，员工的工龄不再与新子公司的工作年限合并计算；如果未向员工支付终止劳动合同的经济补偿金，工作年限未合并计算，在需要向员工支付终止劳动合同的经济补偿金时，员工在子公司工作应获得的经济补偿，新子公司应当一并支付。

目前企业的策略是员工可以与企业协商解除劳动关系，也可以在全集团范围内应聘上岗。如果休假女员工选择协商解除劳动关系，将是最好的结果，但与其他员工一样发给经济补偿金的做法显然不能保护产假期女员工的合法权益；如果选择应聘上岗，则应该是在产假结束后进行，否则应聘失败，原子公司已注销，找谁要经济补偿金去？

《劳动法》规定，对在"三期"内的女职工应给予特殊保护，企业不得因自身原因或在女职工无主观过错的情况下与其解除劳动关系。可见，在企业注销的情况下，对"三期"女职工解除劳动关系给予补偿，于情于理都不是那么妥当。

【管理箴言】

企业管理不能太随心所欲，员工能力是一方面，人际关系又是一方面，不能混淆是非。该企业完全可以在所属企业注销的情况下，按法律、法规对该女职工给予合理的补偿。只是对于处在"三期"的女职工而言，补偿的标准会相对高一些。是否这么做，就看企业想不想合法、合理地解决问题，所谓"在不违反法律的情况下"解除劳动关系，或许有不想支付或不想赔偿的意图，其实完全就没有必要。一旦员工与企业发生纠纷，对该企业的注销进程会产生一定的影响，对企业其他员工的影响也将是深远的，对于企业而言很可能是"捡了芝麻，丢了西瓜"。

对家族企业中的员工进行管理，拒绝贴标签是第一步

【管理场景】

某公司从事金融行业，是一家家族企业，部门员工基本都是沾亲

带故的应届毕业生，没什么经验。之前，总部派过来一位出生于1991年的副总经理，主管接待和人事，其无任何管理经验。最近，总部又下发通知，调岗过来一位出生于1993年的副总，其也是关系户，主管行政和培训。

　　管理者过于年轻，压不住场，公司的很多制度都成了空架子，员工执行力、凝聚力都比较差，公司有点死气沉沉的感觉。HR进入公司是想有所成长的，刚开始也保持着工作热情，现在所负责的大部分事情都没法正常推进，慢慢也没什么动力了。针对公司目前的状况，HR该如何开展工作呢？

【问题分析】

　　家族企业中的员工管理是一项比较复杂的工作，书本上的知识在这里基本没用。事务型思维的人只能当炮灰。一般管理思维中最基本的一点是通过工作展示自己及岗位价值，而不是拘泥于结果和他人的目标。

　　金融行业重业绩、轻管理，重风控、轻后勤。HR提到的执行力、凝聚力等内容成为假大空，这方面做得好的可以说寥寥无几。HR要满足工作需要很简单，要做好、做到极致却很难，尤其是面对家族企业员工这把双刃剑时。

　　（1）了解家族企业员工的布局并进行分类

　　作为HR，你有必要像绘制人才地图那样，了解企业有多少特殊的员工，这些员工分布在哪些部门，他们各自发挥的价值有多大。

　　其实，并不是每个特殊员工都难以管理，有不少员工无论是能力还是态度都无可挑剔。因此，了解特殊员工的分布对于开展下一步工作至关重要。

　　了解了分布后，要进一步对其进行分类。

①按能力分

虽然都是家族企业员工，但能力差异也会很大。因此，按能力分类，可以人尽其才，发挥最大作用。

②按态度分

家族企业员工不一定都高傲或不学无术，有些人的工作态度很积极。按态度分类，就是把愿意工作的员工聚在一起，形成合力。

③其他类别

对于既没有能力又没有良好态度的家族企业员工，HR 一定要有清晰的认知，可以把这类人放在不重要的岗位上，从而将消极影响降到最低。

（2）掌握家族企业员工的来源，合理使用

新来的两位副总都是没有任何管理经验的新手，部门员工也是沾亲带故。在 HR 眼里，副总压不住场，员工的工作效率低下。但是，HR 却忽略了他们背后资源的价值。

来自总部的副总和来自总部的应届毕业生显然不在同一个能量级；即使同为应届毕业生，高管推荐的与其他渠道转介绍的分量是不一样的。

家族企业员工密集的公司很适合用特殊员工管理特殊员工的模式，因为只有他们最清楚彼此背后的能量。例如，让两个副总分管特殊员工集中的部门，虽然不一定能直接提升他们的执行力，但一定会减少内耗。

（3）去掉有色眼镜，做副总的左右手

这么年轻又有背景的副总很容易遭到其他人的质疑，会拿其工作能力说事。与其这样，不如去掉有色眼镜，换一个思路看问题。

与其和副总们对着干，不如换一种方式雪中送炭，给他们提供一些切合实际的帮助，协助他们开展工作，甚至成为他们的左膀右臂。

（4）对自身有清晰的定位

HR 的工作属性决定了 HR 必须准确定位，在管控与服务中左右逢源。同样的环境，有些 HR 坚持下来并不断改变环境，不但使管理上了台阶，而且使自身也得到了磨练；也有些 HR 萌生了退意，碌碌无为，泯然众人。

因此，HR 必须对自身有清晰的定位，能做什么、做了什么、有什么价值。有了明确的定位，就有了行动的方向，这才是成长的唯一捷径。

（5）如何发挥特殊员工的优势

在很多人眼里，家族企业员工有时成了一无是处的代名词。实际上，这么多家族企业员工，对于金融公司而言是多么大的一笔财富。

没有推不动的管理，只有没找对方法的人。这类员工既然是总部派来的，将很多与总部沟通协调的工作交给他们处理，效果就会好很多。金融公司看中的是资源，让其转化为公司资源，是一种发挥价值的最好途径。

进行家族企业员工管理，要先心系企业利益，再兼顾对方面子，这样做就已经成功了一半。HR 如果畏惧这类员工的能量，妥协或犹豫，反而会被员工看不起。发现问题是好事，但没有解决方案，一切都等于零。

【管理箴言】

有志不在年高，戴有色眼镜看待年轻管理者，本身就是错误的。家族企业员工也好，年轻人也好，只是一个标签，每位 HR 都不应任意扩大标签的负效应，而是要从向上管理、影响上级及管理沟通等多方面着手，用专业能力和经验与管理者沟通、互动，通过管理者的特殊身份实施自己的管理理念，以"帮上级立功、帮上级争名"为出发点，从而会得到不一样的管理效果。

面对有心理疾病的员工，要援助与沟通并用

【管理场景】

2022 年，国家卫健委办公厅发布通知，要求医疗卫生机构、体检中心、高等院校等通过线上线下多种形式开展抑郁症筛查，各类体检中心应在体检项目中纳入情绪状态评估，供体检人员选用。机关、企事业和其他用人单位要将干部和职工心理健康作为本单位文化建设的重要内容，创造有益于干部和职工身心健康的工作环境，聘用专兼职的精神心理专业人员。面对这种趋势，HR 应该如何迎接和准备呢？

【问题分析】

情绪状态评估纳入体检项目，这是不是从侧面说明，情绪状态不属于亚健康范畴，而是疾病的一种？

影星张国荣因抑郁症跳楼身亡，主持人崔永元"抑郁得睡不着觉"。随着越来越多的人被精神问题困扰，抑郁症这个看似与普通人相距甚远的疾病进入了人们的视线。

数据显示，抑郁症正在成为仅次于癌症的人类第二大杀手。全球抑郁症患者总数超 3.5 亿例，我国泛抑郁人数超过 9500 万人，每年约有 20 万人因抑郁症自杀。触目惊心的数字提醒着我们必须正视抑郁症。

某单位有个司机平时沉默寡言，很少与其他人打交道，结果有一天来申请离职。HR 虽然感到有些意外，但也没有挽留就批了。后来，员工家人找到单位闹事，目的只有一个，就是索要经济补偿。HR 这才明白，原来司机曾私下去治疗过抑郁症。

由于无法证明司机的抑郁与工作有直接关系，加上其主动办理了离职，用人单位并不需要承担任何法定责任或义务。但是，出于人性关怀，用人单位还是额外支付了司机一个月的工资。

现在想来还真有几分可惜，如果将情绪状态评估纳入体检项目，意味着员工除了要进行一年一次的身体检查之外，更要有心理健康方面的检查。如果发现及时，就很容易关注到抑郁症前兆。

开展抑郁症早期筛查，可以有效避免患者出现更严重的后果。如果抑郁症筛查能全面普及，受益的不仅是员工本人，而且是一个家庭，甚至一家企业。从这个角度讲，将情绪状态评估纳入体检是大势所趋。

虽然通知将情绪状态评估纳入了体检项目，但对于怎么查、需要什么资质并没有进一步明确。会不会做成像基础体检一样流于形式？或者一些人出于个人隐私考虑而排斥抑郁症筛查？这些都无法知晓。

目前市场上常见的筛查方式有心理CT、抑郁症筛查量表、情绪评估、脑涨落分析等，主要通过结构化的提问，判断其有没有符合诊断中的一些症状，这需要专业人士的分析，而不能通过简单的问卷来确诊。

从资源配置的角度看，除了大型医疗机构以外，大部分体检机构并未设置精神科，抑郁核查相应的资质标准并未明确。我们还需要加大相关人才的培养力度，让抑郁症筛查快速落地，发挥预防作用。

抑郁症筛查覆盖的人群范围广应该是好事，但其中有很多矛盾点。例如，针对孕产妇，将孕产期抑郁症筛查纳入常规孕检和产后访视流程中，由经过培训的医务人员或社工进行孕期和产后抑郁的筛查追踪。实际上，目前大部分企业对孕妇的关爱并不到位。这种情况下推行抑郁症体检，甚至将抑郁症列为病假，有可能成为企业和员工之间矛盾的新导火索。

对于高压职业人群，针对此类员工做心理援助计划，开展心理健康教育、心理评估、心理疏导与咨询，都是非常人性化的举措。

如果员工一直超负荷工作，甚至工资被拖欠、不缴纳社保等现象还普遍存在，这时单纯地控制抑郁症将不会有效果。目前很明确的一点就是抑郁症和基因与环境都有关系，如果我们不着力改善员工的工作环境，做抑郁症筛查可以说是本末倒置。

说到底，企业的文化建设与工作环境的好坏不在于有没有抑郁症筛查。企业千万不要把能否做抑郁症筛查演变为衡量企业文化及工作环境优劣的砝码，而丢掉了真正的核心。就目前的大环境而言，对抑郁的筛查定位，雪中送炭远不如锦上添花合适。

【管理箴言】

企业在经营管理过程中，不应仅注重战略规划、组织绩效等实现的情况，更应形成以人为本的文化，在关注员工职业发展的同时，着重关注员工个人的生活困境及心理健康，实施员工援助计划（EAP）有助于改善员工的心理健康状况，更有利于提高员工的满意度及积极性，进而促进企业经营目标的实现，提升企业的核心竞争力。

大龄员工的工作状态出问题时，要多措并举以预防风险

【管理场景】

利维公司有一名48岁的女员工，签有劳动合同，但并未缴纳社保。该员工在工作期间屡次失职，给公司造成三次以上经济损失。公司领导觉得她不适合该岗位，想对她进行劝退。HR找该员工谈话后，员

工的情绪很大，也不服从安排，让干什么都要顶撞。站在企业的角度，HR 该如何辞退这名员工，才能规避风险呢？

【问题分析】

HR 不仅要满足企业的招聘需求，更要懂得如何辞退企业不需要的人。如果总是苦恼于如何辞退员工，那么 HR 应反思在用人和管理方面存在的问题。

实际上，很多企业管理层或 HR 只是辞退自己认为不满意的员工，而不是表现不称职的员工。这种认知上的差异会直接体现在员工的具体行为中。

该员工在工作期间屡次失职，给公司造成三次以上经济损失。这种行为放在任何企业都够得上严重违反劳动纪律，完全可以无条件辞退了，但公司领导只是觉得她不适合该岗位，想对她进行劝退。

HR 平时不收集证据，等领导有劝退某员工的需求时却总期望员工妥协，而且在沟通中说不出令人信服的理由，最后便把沟通无果归结于员工的态度，而非 HR 的能力。

虽然不清楚目前案例中企业的制度情况，但大概率是制度缺失或没有真正落地。如果企业有完善的制度体系，那么从人才画像到胜任力标准，从定期测评到考核管理，从违规违纪的界定到后续的培训调岗或辞退，都应该能找到依据。

员工屡次失职，甚至造成三次经济损失，HR 竟然毫无作为。企业要建立员工考评档案，在制度中明确何种情况下可以辞退，用证据说话，这样对每个人都公平。如果员工屡次失职都有记录和其本人及领导的签字，三次以上的经济损失也有比较让人信服的处罚，这样综合下来，是不是就完全可以依照企业制度给出很明确的辞退意见呢？

我们再结合《劳动合同法》看辞退。被用人单位辞退或解除劳动合同，除特殊情况外（如严重违反用人单位的规章制度的；严重失职，营私舞弊，给用人单位造成重大损害的；被依法追究刑事责任的，等等），应该给予经济补偿或赔偿。案例中的情形可以"严重违反用人单位的规章制度；严重失职，给用人单位造成重大损害"等条款为依据提出解除劳动合同。当然，企业制度中对"严重"和"重大"必须给出清晰的定义，以避免分歧。

无论哪种情况，辞退员工都有一个沟通过程。这时候 HR 不宜躲躲闪闪，顾虑太多，最好单刀直入，以事实为依据，拿出不容反驳的证据；否则，协商不成，反而容易激起员工的抵触情绪，再处理就麻烦了。

员工未缴纳社保是一个硬伤，这从侧面反映了企业制度不健全，HR 工作不到位。实际上，企业有错在先，辞退就失去了先机，收集相关证据的意义不大。《劳动合同法》第三十八条规定，用人单位未依法为劳动者缴纳社会保险费的，劳动者可以随时解除劳动合同，无须承担任何责任。

《劳动合同法》第四十条规定，有下列情形之一的，用人单位提前三十日以书面形式通知劳动者本人或者额外支付劳动者一个月工资后，可以解除劳动合同。此处适用其中的（二）："劳动者不能胜任工作，经过培训或者调整工作岗位，仍不能胜任工作的。"

HR 的定位很关键，既要对管理层负责，又要考虑劳动者的感受。如何在两者之间找到平衡，预防用工风险，才是 HR 的价值体现。

【管理箴言】

人力资源的选用育留，每个环节都存在管理风险。人力资源的价值在于成为企业业务的合作伙伴，驱动战略目标的实现，提高组织效能，前提是基于企业的实际情况，构建合法、合理的规章制度，并在实施过程中不断优化和完善。如果制度是健全的，标准是科学的，流程是高效的，对一个"屡次失职，造成经济损失"的员工，解除劳动合同是轻而易举的。

管理"95后"新生代，留人要先留心

【管理场景】

杭州有一家销售公司在去年年底组建了电话销售中心，经过半年的辛苦招聘，终于把人员配齐了。团队都是年轻人，以"95后"员工为主，特点是非常不稳定，没有业绩要走，工作太累要走，做得不开心也要走。而且，年轻员工聚集在一起，很容易形成小团体，一个走，其他人也会跟着走。电销中心原本有70多人，现在只剩16人了。鉴于这种情况，公司领导甚至已经在考虑要不要撤销电销中心。请问对于以"95后"员工为主的团队，如何管理才能控制流失率呢？

【问题分析】

"95后"已经成为职场的新生力量，他们扮演的角色越来越重要。同时，"95后"也备受争议，被贴上了很多负面标签。

没有业绩要走，工作太累要走，做得不开心也要走……这种情形不仅仅发生在"95后"身上，因为这是员工离职的通用理由。

既然公司招聘了大量的"95后"员工，那就要给予足够的空间，让他们能够充分发挥。对于个性鲜明的"95后"员工，HR要研究他们的性格特点，知己知彼才能找到解决问题的突破口。

"95 后"的优点很鲜明，缺点也非常突出。

优点：思想新颖、活跃，容易接受新事物；大多接受过高等教育，学习能力强；心态乐观，爱好广泛；容易接受感情沟通，讲义气。

缺点：情绪波动较多，心理承受力差；价值观多元化，缺乏理想和信仰；比较任性，爱面子，棱角突出，个性张扬；主动性不强，职业素养偏低。

销售公司大多重业绩、轻管理，重眼前、轻长远。电话销售中心的工作相对枯燥单一，以语言沟通为主，需要耐心、专业知识、礼仪素养等。

销售公司遇到"95 后"员工，可尝试分组管理，给他们一个竞争的、展示自我的平台，让他们在工作中找到成就感。

即使是"95 后"，这 70 多人也还是有差别的。有些人天生就适合做领导者。入职初期，公司可以组织内部竞聘，在电话销售中心设立 7 个组长，一是形成竞争的氛围，二是便于重点管理。实际上，HR 只要把组长管理好，也就控制住了流失率。

刚入职场的"95 后"，有问题就想反映，反映了就想得到重视。企业必须足够重视"95 后"员工反映的问题，以座谈会的形式了解他们的内心。

工作太累，不开心……企业可以有针对性地改善工作环境、营造工作氛围；同时可以开展座谈会，让大家畅所欲言，提出问题，甚至形成解决方案。俗话说得好，解铃还需系铃人。如果工作轻松又开心，"95 后"员工还会离职吗？

"95 后"刚步入职场，还是一张白纸，企业必须重视培训，给"95 后"搭建学习平台，让他们每天都能感受到自己的进步。

实际上，"95后"是最容易接受别人观点的，企业可在员工心态、礼仪、职业规划等方面进行专业培训。通过培训，企业可以开阔"95后"员工的视野和心胸，满足他们的学习欲望，增强他们的凝聚力。

作为销售公司，要业绩时也应该多注重过程管理，平时可多组织一些团建活动，给"95后"员工展示自我的机会。

相比"80后""90后"，"95后"更多才多艺。给这类员工自我展示的机会，让他们得到同事的肯定和赞美，这种成就感是任何"95后"都无法抗拒的。

对于"95后"员工，正面激励永远比负面激励有效。企业可以设立一个荣誉榜，用荣誉激励"95后"员工，培养他们为荣誉挑战一切的习惯。荣誉榜上每天的业绩及累计业绩都一目了然，这样能刺激"95后"员工喜欢挑战的性格。

想让"95后"理解你的难处，最好的办法就是让"95后"变成你。一个70多人的电话营销中心涉及方方面面的管理，如员工面试、考勤统计、业绩分解等。企业可选择部分"95后"员工参与管理，用"95后"管理"95后"可能更容易控制流失率。

【管理箴言】

"95后"也好，"00后"也罢，这些都只是一个年代人群的通用标签。管理一定要与时俱进，同时也要不断创新。市场环境、用人环境都在变化，管理也要随着变化，学会引导、适应、激励新生代员工的积极性、创造性，从传统管理向"薪酬管理＋欣赏管理＋心情管理"等组合模式改进，自然就会形成适合新生代员工群体特点、激发新生代员工能力的管理模式。

特殊群体管理相关法条

【就业服务与就业管理规定】（2022）

第四条 劳动者依法享有平等就业的权利。劳动者就业，不因民族、种族、性别、宗教信仰等不同而受歧视。

第十三条 用人单位应当对劳动者的个人资料予以保密。公开劳动者的个人资料信息和使用劳动者的技术、智力成果，须经劳动者本人书面同意。

第十六条 用人单位在招用人员时，除国家规定的不适合妇女从事的工种或者岗位外，不得以性别为由拒绝录用妇女或者提高对妇女的录用标准。

用人单位录用女职工，不得在劳动合同中规定限制女职工结婚、生育的内容。

第十七条 用人单位招用人员，应当依法对少数民族劳动者给予适当照顾。

第十八条 用人单位招用人员，不得歧视残疾人。

第十九条 用人单位招用人员，不得以是传染病病原携带者为由拒绝录用。但是，经医学鉴定传染病病原携带者在治愈前或者排除传染嫌疑前，不得从事法律、行政法规和国务院卫生行政部门规定禁止从事的易使传染病扩散的工作。

用人单位招用人员，除国家法律、行政法规和国务院卫生行政部门规定禁止乙肝病原携带者从事的工作外，不得强行将乙肝病毒血清学指标作为体检标准。

【女职工劳动保护特别规定】（2012）

第三条 用人单位应当加强女职工劳动保护，采取措施改善女职工劳动安全卫生条件，对女职工进行劳动安全卫生知识培训。

第四条 用人单位应当遵守女职工禁忌从事的劳动范围的规定。用人单位应当将本单位属于女职工禁忌从事的劳动范围的岗位书面告知女职工。

女职工禁忌从事的劳动范围由本规定附录列示。国务院安全生产监督管理部门会同国务院人力资源社会保障行政部门、国务院卫生行政部门根据经济社会发展情况，对女职工禁忌从事的劳动范围进行调整。

第五条 用人单位不得因女职工怀孕、生育、哺乳降低其工资、予以辞退、与其解除劳动或者聘用合同。

第六条 女职工在孕期不能适应原劳动的，用人单位应当根据医疗机构的证明，予以减轻劳动量或者安排其他能够适应的劳动。

对怀孕7个月以上的女职工，用人单位不得延长劳动时间或者安排夜班劳动，并应当在劳动时间内安排一定的休息时间。

怀孕女职工在劳动时间内进行产前检查，所需时间计入劳动时间。

第七条 女职工生育享受98天产假，其中产前可以休假15天；难产的，应增加产假15天；生育多胞胎的，每多生育1个婴儿，可增加产假15天。

女职工怀孕未满4个月流产的，享受15天产假；怀孕满4个月流产的，享受42天产假。

第八条 女职工产假期间的生育津贴，对已经参加生育保险的，按照用人单位上年度职工月平均工资的标准由生育保险基金支付；对未参加生育保险的，按照女职工产假前工资的标准由用人单位支付。

女职工生育或者流产的医疗费用，按照生育保险规定的项目和标准，对已经参加生育保险的，由生育保险基金支付；对未参加生育保险的，由用人单位支付。

第九条 对哺乳未满1周岁婴儿的女职工，用人单位不得延长劳动时间或者安排夜班劳动。

用人单位应当在每天的劳动时间内为哺乳期女职工安排 1 小时哺乳时间；女职工生育多胞胎的，每多哺乳 1 个婴儿每天增加 1 小时哺乳时间。

第十条 女职工比较多的用人单位应当根据女职工的需要，建立女职工卫生室、孕妇休息室、哺乳室等设施，妥善解决女职工在生理卫生、哺乳方面的困难。

【劳动法】（2018）

第二十九条 劳动者有下列情形之一的，用人单位不得依据本法第二十六条、第二十七条的规定解除劳动合同：

（一）患职业病或者因工负伤并被确认丧失或者部分丧失劳动能力的；

（二）患病或者负伤，在规定的医疗期内的；

（三）女职工在孕期、产假、哺乳期内的；

（四）法律、行政法规规定的其他情形。

【劳动合同法】（2012）

第四十二条 劳动者有下列情形之一的，用人单位不得依照本法第四十条、第四十一条的规定解除劳动合同：

（一）从事接触职业病危害作业的劳动者未进行离岗前职业健康检查，或者疑似职业病病人在诊断或者医学观察期间的；

（二）在本单位患职业病或者因工负伤并被确认丧失或者部分丧失劳动能力的；

（三）患病或者非因工负伤，在规定的医疗期内的；

（四）女职工在孕期、产期、哺乳期的；

（五）在本单位连续工作满十五年，且距法定退休年龄不足五年的；

（六）法律、行政法规规定的其他情形。

特殊群体管理相关工具

【女职工劳动保护管理制度】（摘要）

第六条 各用人单位根据女职工人员情况，建立女职工委员会。满 10 人以上的建立女职工委员会，不足 10 人的设立一名女职工负责女职工工作。

第七条 根据女职工身体结构、生理机能的特点以及抚育子女的特殊需要，在劳动方面对女职工特殊权益给予保障。女职工在孕期、产期、哺乳期内，不得降低其基本工资，或解除劳动合同。

第八条 相关部门根据有关规定及时购进和发放劳保用品，根据实际情况对经常接触有毒有害物质的女职工发给相关劳保用品，保证女职工的安全健康需要。同时，每年对女职工进行一次体检，根据体检结果对需要调整工作的女职工进行工种调换。

第九条 女职工在工作期间必须按要求穿戴劳保用品，严禁穿戴不利于作业活动的衣物鞋帽。

第十条 各用人单位不得安排在孕期、产期、哺乳期的女职工从事高处和体力劳动强度比较大的作业，不得安排其从事有毒有害物质超过国家卫生标准的作业。

第十一条 已婚待孕女职工和已怀孕的女职工，不得从事工作场所空气中含有毒物质或作业场所放射性物质超过国家规定剂量的工作，对怀孕 7 个月以上的女职工，各用人单位不得安排延长其工作时间。

第十二条 女职工在生育期内享受一定时期的生育假和生育待遇。女职工产假为 98 天，难产的增加产假 15 天。多胞胎生育的，每多生育一个婴儿，增加产假 15 天。产假期间工资照发。

第十三条 女职工实行计划生育怀孕流产的，其所在单位应当根据医务部门的证明给予一定时间的产假。产假期间工资照发。

第十四条 育有不满 1 周岁婴儿的女职工，其所在单位应当在每班劳动时间内给予其两次哺乳时间，每次 30 分钟。多胞胎生育的，每多哺乳一个婴儿，增加 30 分钟。女职工每班劳动时间内的两次哺乳时间可以合并使用。哺乳时间和在本单位内哺乳往返途中的时间算作劳动时间。

第十五条 各用人单位对于本单位女职工劳动保护情况每半季进行一次检查，并随时征求女职工在企业劳动保护方面的意见和建议，增强与女职工的信息交流。

第十六条 女职工劳动保护的权益受到侵害时，有权向所在单位的人力资源部门、工会部门提出意见或建议，有关部门应及时给予解决和答复。

【退休职工返聘若干规定】（摘要）

（五）各用人单位返聘退休职工岗位、人数及时间，均报总部人力资源部批准后方可实施。

（六）鉴于工作交接及工作延续等实际情况，各部门正职负责人退休后可以进行返聘，返聘时间原则上不超过 12 个月。

（七）确因工作需要聘用退休职工从事技术、业务相关工作的，其薪酬待遇按岗位性质、市场行情由用人单位提出意见，报经总部人力资源部同意后签订聘用合同。

（八）返聘退休职工的岗位必须与退休职工原从事岗位或业务密切相关，严禁返聘与岗位或业务不相关的退休职工。

（九）返聘或聘用的退休职工不得再担任科研、技术、工艺、质量、标准、管理等岗位或条线负责人，只能以专家或顾问身份参与相关业务。

（十）各用人单位应就返聘退休职工在返聘期间的工作目标、工作成果或人才培养、工作标准等给予明确约定，对不符合返聘要求的应及时终止返聘聘用合同。

（十一）各用人单位返聘退休职工的聘用期限应以人力资源部批准的时间为准，最长不得超过 36 个月。聘任结束后，确需再延长或续签返聘聘用合同的，应报总部人力资源部批准。

（十二）受聘的退休职工因身体原因可以提前解除聘用合同，其所任岗位或任务由聘用部门统筹安排。

【集团职工患病或非因工负伤医疗期管理办法】（摘要）

第四条 医疗期定义

医疗期是指职工因患病或非因工负伤停止工作治病休息不得解除劳动合同的时限。

第五条 医疗期计算

（一）医疗期的具体计算办法：自职工病休之日起开始计算，在规定的时间内累计病休时间达到规定医疗期时限的视为医疗期满。若连续病休的，公休日、假日和法定节日均按病休日计算。

（二）医疗期计算办法：

（1）医疗期 3 个月按 6 个月内累计病休时间计算；

（2）医疗期 6 个月按 12 个月内累计病休时间计算；

（3）医疗期 9 个月按 15 个月内累计病休时间计算；

（4）医疗期 12 个月按 18 个月内累计病休时间计算；

（5）医疗期 18 个月按 24 个月内累计病休时间计算；

（6）医疗期 24 个月按 30 个月内累计病休时间计算。

第六条 医疗期期限

职工患病或非因工负伤，需要停止工作医疗病休时，根据本人实际参加工作年限以及在本集团各用人单位工作年限，给予 3 个月到 24 个月的医疗期，由集团人力资源部或各用人单位与员工签订患病或非因工负伤病休医疗期协议：

（一）实际工作年限 10 年以下的，在本集团各用人单位工作年限 5 年以下的为 3 个月，5 年以上的为 3 个月；

（二）实际工作年限 10 年以上的，在本集团各用人单位工作年限 5 年以下的为 6 个月；

（三）实际工作年限 10 年以上的，在本集团各用人单位工作年限 5 年以上、10 年以下的为 9 个月；

（四）实际工作年限 10 年以上的，在本集团各用人单位工作年限 10 年以上、15 年以下的为 12 个月；

（五）实际工作年限 10 年以上的，在本集团各用人单位工作年限 15 年以上、20 年以下的为 18 个月；

（六）实际工作年限 10 年以上的，在本集团各用人单位工作年限 20 年以上的为 24 个月。

上述实际工作年限和本集团各用人单位工作年限中，5 年以上、10 年以上、15 年以上、20 年以上，均含本数。本集团各用人单位包含本集团系统内各单位工作年限累计。

第七条 延长医疗期

对于身患重大、疑难或难以治疗的疾病的职工，符合下列情况之一的，给予延长医疗期：

（一）获得一次国家、省部级，两次市厅级授予的"劳动模范""五一劳动奖章""先进工作者""领军人物"等以上荣誉称号；或获得三次以上本集团公司"先进工作者"等荣誉称号的，在原医疗期的基础上增加 1 倍；

（二）或获得一次本集团公司"先进工作者"等荣誉称号的，在原医疗期的基础上增加 0.5 倍；

（三）对于特殊疾病患者（包括癌症、精神病等）或重大负伤（包括造成伤残等级 1 ~ 4 级的），在 24 个月内尚未痊愈的，适当延长医疗期，最长延长不超过 9 个月。

第八条　医疗期劳动关系管理

（一）职工非因工伤残和经医疗机构认定患有难以治疗的疾病，在医疗期内医疗终结的，不能从事原工作，也不能从事另行安排的工作的，经用人单位所在地劳动能力鉴定委员会进行劳动能力鉴定。经鉴定为 1 ~ 4 级伤残的，应当退出劳动岗位，终止劳动关系；鉴定为 5 ~ 10 级的，医疗期内不得解除劳动合同。

（二）职工非因工伤残和经医疗机构认定患有难以治疗的疾病，医疗期满，经用人单位所在地劳动能力鉴定委员会进行劳动能力鉴定。经鉴定为 1 ~ 4 级伤残的，应当退出劳动岗位，终止劳动关系。

第 5 章

多元化用工管理

"共享员工"兴起，HR 应顺势而为

【管理场景】

> 餐饮行业经营被新冠肺炎疫情按下暂停键，新零售模式却逆势飞扬。盒马鲜生趁势提出"共享员工"的用工思路，既解决了餐饮行业短期人员闲置的问题，又弥补了生鲜超市人员紧缺的短板。这种尝试似乎成为餐饮行业在特殊时期新的自救模式。据称，盒马鲜生和餐饮企业员工签订的是短期劳务合同，等新冠肺炎疫情结束后，员工可回到原来的餐厅上班。对于这种新型用工模式，HR 该如何应对呢？

【问题分析】

在新冠肺炎疫情的影响下，许多餐厅不得不暂停营业，部分大型商超却出现了人员紧缺。为保障民众的生活不受影响，一些餐饮企业与大型商超合作，积极探索"共享员工"模式，在满足消费者需求的同时，使餐饮企业部分暂时闲置的员工重新上岗。

"共享员工"模式并非盒马首创，只是在非常时期被无限放大。从苏宁成立之初到现在，共享模式已经成为企业内部行之有效的员工协同与工作机制。快递行业的"共享员工"模式已遍地开花。

很多连锁机构每当新店筹备时，也会采取类似"共享员工"的模式，将新入职的员工共享给业绩暴增的门店，待旺季过去、新店开业后重新回归。有时我们把这种模式称之为"借调"。

新冠肺炎疫情对培训、旅游、房地产、餐饮酒店等人口密集型行业影响巨大，但是超市、电商、外卖、网上零售等民生行业却需求大幅度增长。随之而来的是仓储、配送等环节劳动力紧缺。

在这样的背景下，原来并不为人熟知的共享经济模式——"共享员工"再次引发高度关注。新冠肺炎疫情期间，"共享员工"主要存在于餐饮业与电商外卖之间。

最先进行合作的是盒马鲜生与北京心正意诚餐饮旗下两家餐企。随后，茶颜悦色等餐饮企业也开始向超市输送临时员工，沃尔玛更是公开发布了"欢迎社会暂时歇业员工来沃尔玛上班"的招聘信息……"共享员工"模式已成燎原之势。

"共享员工"模式的优势非常明显：既减轻了餐饮企业的成本压力，满足了商超、零售企业的用工需求，又解决了待岗员工的就业问题……真正实现了三方优势互补与合作共赢。

从短期看，"共享员工"模式不失为一种有效的应急措施；从长远分析，"共享员工"或许将成为普及性的共享产业模式。随着互联网的发展、就业理念的变化，员工并不一定要"捆绑"在某家企业。我们熟知的滴滴出行、咨询顾问就是一种非典型"共享员工"模式。

虽然"共享员工"模式的优势明显，在现阶段又发挥着积极作用，但在具体实践中并非能拿来就用。

从角色转化看，跨业态共享可能存在某些差异：与酒店业相比，便利店员工属于复合型，一名店员需要具备收银、操作设备、清洁、上货、补货、订货等复合能力，"共享员工"适应周期相对较长；餐饮和商超在员工胜任力方面也有明显的差异，盒马鲜生的配送小哥需要熟悉周边三公里的情况，但餐饮业员工很少能做到。

从员工的去向看，因不同行业的薪酬、福利等原因，员工共享之后能否顺利召回？如果存在时间差，那么该如何衔接？

从福利待遇看，餐饮业普遍负责员工的食宿，商超更习惯启用周边人群。另外，"五险一金"由谁来承担？出现工伤如何界定？

从法律角度看，新冠肺炎疫情期间，人力资源和社会保障部门对职工的劳动关系有明确规定，"共享员工"是否依然享受这些政策？如停工停产在一个工资支付周期内，应正常支付。如果这个周期内员工被共享，但所有权依然在企业，另一方只是使用权，员工应该享受哪些权益……这些都是 HR 该思考的问题。

【管理箴言】

雇用关系柔性化、非典型雇用扩大化、劳动供需关系模式多样化已成为雇用体系的正常现象。HR 必须顺势而为，为企业降本增效、提质升级做出改变，才能真正成为企业发展的"业务伙伴"。

异地员工管理，降本增效前先规避风险

【管理场景】

公司需要招聘一名新员工常驻外地工作。由于当地的社保基数较高，公司为了规避成本，希望和新员工签订劳务合同，不为该员工缴纳社保，而是按照公司正常缴纳金额的标准发放补贴给予员工，同时给其购买商业保险规避风险。该公司这样的操作方式是否可行？该如何规避外地员工的用工风险？

【问题分析】

顾名思义，异地员工是与本用人单位建立了劳动关系但工作地点不在用人单位所在地的劳动者。目前，异地劳动者关系管理已成为一个难点问题，由此引发的劳动争议也呈逐年上升之势，并非签订劳务合同就可以解决。

实际上，异地员工签订劳务合同，依然会被判定为事实劳动关系。在我国，不需要签订劳动合同的人员主要有以下几类：学生阶段实习人员，已经办理退休手续享受养老保险或退休金的人员，兼职或小时工……其中并不包含异地员工。

劳动合同与劳务合同在形式上有本质区别，两种合同对应着两种截然不同的法律关系。对于合同双方的法律关系，我们不能从合同的形式来区分，而应该从合同的本质来分辨。

除合同主体有差异外，劳动合同在合同签订后存在隶属关系，劳动者需服从单位的管理和支配；劳务合同双方则是平等的民事主体关系。

最核心的区别在于：劳动合同的内容更多是法定性条款，双方选择的范围远小于劳务合同；劳务合同的内容主要是双方平等协商后的合意性条款。

企业为什么想签订劳务合同呢？最本质的原因还是想节省成本。然而，案例中节省的成本仅是两地社保基数的差额。

为节省这些成本，企业采取了一系列措施：与新员工签订劳务合同；不为员工缴纳社保，而是发放社保津贴，同时购买商业保险……在具体履行中，劳动者是用工单位中的一员，接受单位的管理和支配，这构成了事实上的劳动关系。至于所签订的劳务合同本身，可以认定为"以合法形式掩盖非法目的"，从而使合同无效。

社保以补助的形式发放，这完全是企业一厢情愿的行为，规避不了任何风险。用人单位不为劳动者缴纳社会保险费，以现金形式发放所谓社保补贴，并不能免除用人单位的法定缴费义务。即使双方之间有约定或者劳动者自愿放弃参加社会保险，因不符合法律规定，也属无效。

从用人企业的角度看，用工成本似乎降低了，但实际上不仅不能免除其法定缴费义务，而且在员工发生人身伤亡、构成工伤的情形下会造成更大的隐患。

从员工个人的角度看，不缴纳社会保险费，短期看员工拿到手里的工资多了，但在员工年老、生病、失业、生育等情形下极易失去社会保障，这些风险往往是员工难以凭自力救济的方式应对的。

异地员工并不适合签订劳务合同；社保以补助的形式发放也不能规避风险；劳务派遣也非万能钥匙……那么，异地员工到底该如何管理呢？

最常见的方式是委派制。这种方式如今已被普遍采纳，一般按就近原则执行，或定期轮岗。在这种情况下，签订的自然是劳动合同，社保缴纳地为集团总部所在地。异地员工如果发生工伤，需要到工伤保险参保地申请工伤认定和进行工伤报销。

另一种做法是异地员工本土化。员工因为考虑到如养老、医疗、生育保险等现实问题，希望在工作、生活的当地享受待遇。这已是一种趋势，所以企业必须重视对异地员工的管理。

有些企业选择异地委托第三方缴纳社会保险费，员工被挂在第三方受托单位名下缴费，在受理和管理社会保险的机构记录中是没有该员工为委托企业工作记录的。如果将来员工需要出具相应证明或者发生利益纠纷时，这种张冠李戴的做法可能会对员工有不利影响。

按照《工伤保险条例》的有关规定，实际用工单位造成工作伤害的，应该由实际用工单位办理工伤认定手续，但是他在领取工伤保险费用时，实际上是由委托公司代理的。工伤赔付后引发的下年度工伤保险缴费费率浮动对派遣公司不影响，如果是异地人事代理就不一样了，遇到小公司时会引起两家公司间的矛盾。

《社会保险法》的出台，表明国家正在努力推进建立统一、完善的社会保险及相关服务体系，有效解决参保人员在异地就医的医疗费用报销周期长、垫付难和往返困难等问题。目前，除了住房公积金异地享受会遇到较大的问题，在养老保险、医疗保险、生育保险和工伤保险异地转结或享受等方面已不再有大的障碍。

企业在转型或快速发展过程中跨省市设置机构、招募员工很普遍，给员工缴纳社保已经成为基本前提。企业在降本增效时，一定要先考虑如何规避风险，否则很容易得不偿失。

【管理箴言】

降本增效的前提是合规。企业在人力资源管理中一定要在合规的基础上进行创新和个性化管理，千万不要产生"既不合法又不合理"的管理行为。否则，企业只能是"搬起石头砸自己的脚"，最终既伤了员工的心，又毁了企业的形象。

派遣员工突发疾病时，赔偿责任要看合同约定

【管理场景】

科瑞公司是一家电子产品研发制造业企业，有 300 多人。2021 年 11 月，有名一线派遣员工突发疾病，医生诊断为肝功能衰弱。由于一线员工流动较大，科瑞公司和派遣机构签订的合同规定，派遣一线员工需转正后才缴纳社保。该员工入职不满三个月，未转正，没有缴纳社保，导致医疗费用无法报销。员工家属希望公司承担全部医药费用，而且怀疑公司环境是该员工生病的诱因。作为 HR，该如何妥善处理这件事呢？

【问题分析】

所谓劳务派遣，是指由劳务派遣机构与劳动者签订劳动合同，将劳动者派向用人单位，再由用人单位向派遣机构支付服务费用的一种用工形式。

派遣员工是《劳动合同法》颁布后的一种特别存在形式，一般活跃在临时性、辅助性或替代性的工作岗位上。派遣员工从新的《劳动合同法》面世起，就成为不少企业降低人力成本、掌握用人主动权的法宝。

被派遣员工发生重大疾病后，应当如何报销医疗费用呢？

根据派遣机构、劳动者、用人单位三者之间的关系，劳动者与派遣机构之间是劳动合同关系，即派遣机构是用人单位，双方之间应当适用《劳动合同法》，享受《劳动合同法》规定的权利和义务。

派遣机构和用人单位之间属于平等的民事主体，两者之间的关系受双方签订的合同约束，双方可以在合同中对派遣人数、待遇、社会保险、福利待遇、合同解除等做出约定，当然也可对员工患重大疾病时双方的责任承担进行约定。

劳动者与用人单位之间则没有直接的关系，他们双方是基于派遣机构的派遣行为而发生的。劳动者是派遣到用人单位某岗位工作的员工，应当享受与用人单位同岗位员工的相同待遇，同时应当遵守单位的相关规章制度。

《劳动合同法》规定，在被派遣劳动者合法权益受到侵害时，用人单位与劳务派遣机构承担连带赔偿责任。因此，当出现突发疾病后，劳动者应当向派遣机构主张享受医疗费用报销待遇。因为，为劳动者缴纳保险是法律规定的用人单位应当承担的法定义务，如果用人单位未为劳动者缴纳社会保险费，则医疗费用全部由用人单位即劳务派遣机构承担。

当然，如果派遣机构与用人单位约定了由用人单位缴纳保险而用人单位未缴纳，劳动者也只能向派遣机构主张。派遣机构承担相应责任后，再向用人单位追究责任。

案例中，派遣员工发生重大疾病，用人单位未缴纳社保，无法报销医疗费用。用人单位的 HR 必须了解用人单位与派遣机构的协议内容，是否约定了由用人单位缴纳社保。

当派遣员工发生工伤时，符合工伤认定条件的派遣机构应当主动为伤者申请工伤认定。如果派遣机构拒绝，员工个人可以申请，待伤情稳定后再申请劳动能力鉴定，确定伤残等级。如果派遣机构缴纳了社保，则派遣员工依法享受《工伤保险条例》规定的工伤保险待遇。如果派遣机构未缴纳社保，则由派遣机构承担赔偿责任。如果派遣机构无力赔偿，可以追加用人单位赔偿。

为防患于未然，用人单位对派遣人员可进行以下操作，杜绝此类事件的发生：

（1）要求提交派遣员工的体检报告，杜绝大病等医疗费给企业造成经济损失；

（2）在法律许可的范围内，与派遣机构明确约定双方的责任；

（3）按国家规定缴纳社保，防止发生意外；

（4）采用相对灵活的商业保险，暂时性替代社会保险或与社会保险构成多重保险；

（5）对派遣员工普及社会保险等相关知识，增强他们的自我保护意识，使其诉求更理性。

在签订派遣合同时，用人单位一定不要选择通用合同模板，而是要根据企业所属的行业特征约定符合实际需求的劳务派遣条款，如在派遣员工试用期单缴工伤保险等，从而预防各种特殊情况的发生。

【管理箴言】

> 劳务派遣是一种典型的三方关系，派遣机构与用人单位签订劳务派遣协议，形成民事法律关系；派遣机构与劳动者签订劳动合同，形成劳动合同关系；用人单位与劳动者形成用工与管理关系。用人单位在与劳务派遣机构合作时，一定要看清楚企业采取劳务派遣的实际目的，针对双方的民事关系，在劳动者合法权益保护方面进行约定，以实现规避和降低用工风险。

家政公司员工的合同签订需结合运营类型

【管理场景】

> 刚成立的某家政公司有月嫂、保姆、保洁等员工40多名，目前对员工合同签订有点拿不定主意，不知道该签订劳动合同，还是劳务合同；是应该统一合同样式，还是根据不同的工种签订不同内容的合同。请问全部签订劳务合同是否有效？企业又该如何规避用工风险？

【问题分析】

一个行业发展之后，就会将颗粒度做细。家政公司也是如此，规范才会有竞争力。如何签订合同，涉及家政公司的运营模式。

第一类家政公司是雇用型，即保安、保洁员等都属于该公司的员工，公司缴纳社保等，并由家政公司统一安排工作，服务产生的后果由家政公司承担并负责。

第二类家政公司是中介型，即家政公司就是消费者和服务者的中介，仅仅提供介绍服务，为消费者与服务人员提供平台。

第三类家政公司是派遣型，即家政公司招聘的员工为某公司派遣，家政公司不需要与员工签订任何合同，服务者需要与派遣公司签署劳动合同。

一般家政公司都希望与员工签订劳务合同，因为合同可随时协商解除，不用提前通知，也无须赔偿。劳动合同的解除则需按《劳动法》的要求提前通知，企业解除劳动合同时要给予劳动者相应的补偿。

劳务合同有特定的适用人群，包括自然人、法人、非法人组织等。其中，自然人针对以下情况：不具备劳动合同主体资格的人；已领取养老金的退休人员；退休返聘人员；已与其他单位建立劳动合同关系的兼职人员；企业内退人员、临时用工等。

家政公司到底该签订劳动合同还是劳务合同，不能一刀切，而是要结合家政公司的类型与员工的实际情况。

以月嫂为例，大部分月嫂正值壮年，全职在岗，完全具备劳动合同主体资格，对于雇用型家政公司而言，必须签订劳动合同。如果忽视主体资格，强行签订劳务合同对企业的伤害更大。月嫂发生工伤，即使购买了雇主责任险，报销比例也不会有职工社保中的工伤险报销高，这意味着公司会承担部分费用。

入职初期，月嫂会暂时性妥协，对于签订劳动合同或劳务合同都无所谓，但在离职时肯定会维护自身的权益。这种行为势必引起其他员工效仿，引发人员动荡。

换个角度，劳务合同意味着双方之间的地位自始至终是平等的。公司对月嫂的掌控度并不够。实际上，家政公司经常出现月嫂被客户挖走的现象。一旦发生冲突，这种劳务关系随时可能瓦解。这时月嫂还可以质疑劳务合同的合法性，要求按劳动合同补缴社保，提供补偿，甚至支付双倍工资。

无论哪种类型，在劳务合同适用群体中，如保安、保洁员基本都是退休人员，完全可以签订劳务合同。劳务合同支付的劳动报酬称为劳务费，主要由双方当事人自行协商价格及支付方式等，国家法律不过分干涉。而劳动合同中的最低工资、工资支付方式等都要遵守法律法规的规定。

【管理箴言】

管理无定式，企业一定要结合行业特点和发展阶段采用灵活的用工模式。并非劳动合同才具有约束力，有时劳动合同的约束力还不如民事合同的约束力对企业管理和经营更有意义。无论采用哪种用工模式，企业都要以发展为导向，有技术、有资源的员工可以成为合伙人，有能力、有技术的员工可以采用劳动合同，辅助性和可替代性的员工可以采用劳务派遣，形式可以多样化。

劳务派遣员工管理，三个维度缺一不可

【管理场景】

莲花制药是一家50人左右的小型医药工厂，隶属于某药物研究所。我以派遣员工的身份入职该医药工厂。因工作安排，我和另外两位派遣员工被安排在研究所办公。我主要负责药厂的招聘、社保，还有研究所的相关工作。最近，另外两位员工经常私下向我表示不满，因为无论工作方式还是员工福利等方面，派遣员工都与正式员工存在差异。作为 HR，我自己也很迷茫，不知道派遣用工到底该怎么管理。

【问题分析】

劳务派遣中最大的问题在于原来的"劳资"双方关系变成了"劳动者—用人单位—派遣公司"三方关系，但本质上，用人单位与被派遣劳动者之间始终不发生人事管理关系或隶属关系。

劳务派遣作为一种非典型劳动关系，最初的法律地位是作为典型用工方式的补充辅助，只能在临时性、辅助性、替代性的岗位上实施。"不求所有，但求所用"是对劳务派遣最好的阐述。近几年，劳务派遣疯狂扩张，日益侵蚀着典型用工方式，并且有取代其主流地位之势。对于企业而言，劳务派遣的作用非常明显。

（1）控制工资总额，缓解编制矛盾。

（2）突破主体限制，可以达到规避自身主体风险的目的。

（3）规避无固定期限劳动合同。《劳动合同法》规定劳务派遣员工签订不低于二年固定期限的劳动合同，但未明确规定是否必须适用无固定期限劳动合同条款。

（4）差异化薪酬，降低人工成本。对于劳务派遣用工，企业可以适用不同的工资体系标准，降低用工成本。

（5）方便异地用工。企业可以通过外地劳务派遣机构管理用工，解决异地用工社保等事宜。

（6）减少事务性工作。专业的人做专业的事，对于大量使用普工的企业，如果有劳务派遣机构的介入，可以帮助企业很好地分担这部分基础性HR管理事务。

（7）降低劳动争议，变相考察员工。劳务派遣机构可以作为用人单位的灰色缓冲带。

在谈劳务派遣如何管理之前，我们应先了解劳务派遣中暴露的具体问题，以及产生问题的主要原因。

（1）同工不同酬，心理失衡

"同工不同酬"是劳务派遣中的一个焦点。实际上，如果企业真做到同工同酬，那么劳务派遣也就失去了意义。为了避免同工同酬，企业会尽力避免混岗，让派遣员工无从对比，从而减少心理落差。

同工不同酬的本质原因在于分配机制不合理，没有体现效率优先、兼顾公平的基本原则，导致正式员工、劳务派遣员工之间存在剪刀差的现象。

（2）个人发展停滞，前途渺茫

一方面，派遣员工与用人单位并无直接关联，从而谈不上融入；另一方面，派遣员工从事的都是临时性、辅助性、替代性的工作，容易被边缘化。

没有晋升，没有激励，甚至还存在排斥或歧视现象，派遣员工的职业发展陷入停滞状态，更谈不上什么前途。

劳务派遣管理集中体现在合规上，但这种合规很容易与企业利益产生冲突，让管理人员陷入两难境地。

对于劳务派遣的薪酬，《劳动合同法》第六十三条明确规定：被派遣劳动者享有与用工单位的劳动者同工同酬的权利；用工单位应当按照同工同酬原则，对被派遣劳动者与本单位同类岗位的劳动者实行相同的劳动报酬分配办法；用工单位无同类岗位劳动者的，参照用工单位所在地相同或者相近岗位劳动者的劳动报酬确定；劳务派遣单位与被派遣劳动者订立的劳动合同和与用工单位订立的劳务派遣协议，载明或者约定的向被派遣劳动者支付的劳动报酬应当符合前款规定。

对于劳务派遣的使用范围，《劳动合同法》第六十六条规定：劳动合同用工是我国的企业基本用二形式；劳务派遣用工是补充形式，只能在临时性、辅助性或者替代性的二作岗位上实施。

对于劳务派遣的用工比例，《劳务派遣暂行规定》第四条明确规定：使用的被派遣劳动者数量不得超过其用工总量的10%。用工比例的限制，直接抑制了大部分生产型企业盲目扩大使用劳务派遣用工的做法。

案例中 HR 本身也是派遣身份，想从根本上改变派遣员工的现状，难度还是比较大的。因为这很可能与企业使用劳务派遣的初衷产生冲突。

【管理箴言】

劳务派遣是典型的三方关系。派遣机构与用人单位签订劳务派遣协议，形成民事法律关系；派遣机构与劳动者签订劳动合同，形成劳动合同关系；用人单位与劳动者形成用工与管理关系。用人单位在与劳务派遣机构合作时，一定要看清楚企业采取劳务派遣的实际目的，针对双方的民事关系，特别是在对劳动者合法权益保护方面进行约定，以实现规避和降低用工风险。

顾问是合作关系，不是雇用关系

【管理场景】

某公司要参加一个国家级的项目，管理层找了一个有对应项目背景支持的人作为顾问，主要工作就是负责项目的申请实施和品牌及团队宣传。现在管理层让 HR 这边拟定相关协议，做好后续管理跟进。

163

那么，顾问合作模式的利润该如何分配？顾问内容应该有哪些？该如何对顾问进行管理和考核？

【问题分析】

顾问就是参谋，能够通过访谈、调研判断问题的核心，帮助客户搞清楚真正的需求是什么。发现问题、分析问题之后，就是解决问题。顾问更多的是给客户出具方案报告，指导客户进行过程实施，甚至直接参与其中。

顾问用好了，能发挥巨大的辅助作用，在事关企业长远决策或重点项目突破上发挥重大影响；反之，顾问就会成为一件昂贵的摆设。

很多人对顾问的认知都有盲区，总以为顾问是保姆式服务。实际上，顾问有自己的专业领域，会严格按照客户导向的原则履行职责。客户导向并非单纯地凡事都要以客户为先，因为服务态度只是很表象的一环，深层次的客户导向是能够跳出自我，真正做到从客户需求角度赢得客户的信任。

案例中公司要参加国家级的项目，找了一个有对应项目背景支持的人作为顾问，主要负责项目的申请实施和品牌及团队宣传……其实这已经说明了协议的核心内容。

确定了核心内容，下一步就是对顾问的工作内容进行分类和细化。常用的方式是按工作流程和时间节点确定顾问的具体工作内容。

要进行项目申报，必须先深入了解项目计划、主管部门、支持重点、申报要求及申报时间等，然后对自身预申报项目进行评估，获得项目申报信息、项目发布时间、项目申报时间、项目申报资料、项目申报流程，并编制项目申请文件……这么多内容，顾问的具体职责该如何界定？

顾问具有指导、监督、审核、体系化建设等功能。结合项目申报的特点，顾问的工作内容可以概况如下：

（1）指导项目总计划的编制；

（2）全面把控申报时间；

（3）指导项目预申报评估；

（4）审核项目申请的相关文件；

（5）协助开展项目过程管理。

项目品牌及团队宣传按项目申请实施的模式细化就可以了。因为很难匹配具体的时间节点，所以会有工作频率和方式的约定。

实践中，顾问很少按利润模式进行分成，因为不可控因素太多。大部分都是按项目规模、工作内容和服务周期等维度结算的。

如果定位是顾问，大部分会在合作协议签订后一次性支付顾问费。因为是知识付费，所以不大可能按阶段支付或按月支付，这样顾问在回款时会陷入被动。如果类似代办，则可以按效果付费了。

顾问很少被纳入绩效考核范畴，因为顾问是合作关系，不是雇用关系。我们只要在合同中明确工作内容，让标准可衡量、时间节点清晰就可以了。为了确保顾问质量，客户会要求一定的现场办公时间，规定成果呈现方式。

顾问是很注重口碑的，一次合作不认可，就不可能再有第二次。因此，在合同完善的基础上注重沟通、积极执行，应该能起到预期效果。

【管理箴言】

　　顾问属于多元化用工的一种形式，也是柔性团队的一种模式。企业可以结合实际，采用长期顾问式、项目顾问式等多种模式，通常不应用劳动法律关系来约束，而采用民事法律关系来约束，约定好双方的权利义务，特别是企业期望顾问做出的贡献，包括项目达成、人才培养、问题解决等目标要求。通过灵活的用工机制，企业能够实现小投入、大收益。当然，企业一定要对顾问有一定的评价标准，避免滥竽充数的顾问专家。

退休返聘人员发生工伤，处理要情理有度

【管理场景】

盛辉公司有一位退休返聘员工，2021年9月非上班时间，在车间里因脚滑摔倒造成压缩性骨折。公司认为她在非上班时间受伤，不能算工伤。员工认为自己是去车间拿防护指套，属于班前准备，应该视为工伤。后来，HR咨询人社局，得到的答复是因为员工超龄，报工伤也不予受理。因此，该员工到底算不算工伤，公司和员工的意见不统一；能不能申报工伤，人社局和公司的意见又不统一。那么，对于这种退休返聘人员的工伤问题，HR该如何处理呢？

【问题分析】

对于退休返聘人员的工伤处理，HR应该知其然，更要知其所以然，了解了来龙去脉，才能做出正确的判断。

国务院颁布的《关于工人退休、退职的暂行办法》规定了男年满60周岁、女年满50周岁的工人应当退休，这是我国唯一一部确定退休年龄的行政法规。虽然在当时计划经济条件下仅仅针对"全民所有制企业、事业单位和党政机关、群众团体的工人"，但是此后在实际操作过程中各行各业的职工退休均按照这一法规执行。

因此，无论是保洁员、保安，还是返聘人员；无论是劳务关系，还是劳动关系；只要年龄超过标准了，工伤处理本质上没有任何区别。

什么是工伤？看一下《工伤保险条例》就知道了。HR 要及时把握政策的动态，并能够灵活运用。

《工伤保险条例》第十四条关于工伤的认定中有这么一条：工作时间前后在工作场所内，从事与工作有关的预备性或者收尾性工作受到事故伤害的。很显然，如果不考虑超龄，这是不折不扣的工伤。

退休返聘人员有哪些权利？《工伤保险条例》第二条第二款规定：中华人民共和国境内的各类企业的职工和个体工商户的雇工，均有依照本条例的规定享受工伤保险待遇的权利。

《劳动法》对用人单位招用未满十六周岁的未成年人做出了禁止性的规定，但未禁止达到法定退休年龄的人员参加工作，也未禁止用人单位招用此类人员。因此，理论上不能把达到法定退休年龄的人员排除在劳动关系的主体之外。

在社保、工伤、产假、婚假等方面，各地的规定差异很大。关于超龄工伤问题，目前我国有三种情况：

（1）明确规定不予受理，如北京市实施的《工伤保险条例》中指出，超龄人员的工伤不予受理；

（2）明确规定受理，如上海市；

（3）没有明确规定，如成都市，但实际做法是不受理。

劳动部门办事人员以超龄为由否定其工伤认定申请，应该是结合地域因素来谈的。现实操作中，我们只能以劳动部门的意见为参考标准。

在明确了什么是超龄员工、什么是工伤、超龄员工的权利、超龄工伤的地域差异等情况后，针对案例中的超龄工伤情况如何进行处理呢？

（1）及时治疗，进行工伤申报

员工出现意外伤害，无论是否认定为工伤，公司都应第一时间抓紧治疗，避免延误病情；同时在不考虑地域因素的情况下对是否是工伤进行界定，及时按照工伤要求准备材料，走工伤申报流程，减少不必要的纠纷。

（2）全方位跟踪，动态汇报

如果递交了工伤申报材料，HR 千万不要死等结果，而是需要及时与相关部门及人员多沟通进展情况，以便及时查漏补缺；同时及时向相关领导汇报进展情况，让领导详细了解工伤申报的各个环节情况，全程把控；否则一旦出现问题，就更难解决了。

（3）多方面沟通，达成共识

这个事件并不棘手，但因为所处位置不同，专业领域不同，看问题的角度也会有差异。企业领导、员工本人、劳动部门，HR 都需要沟通。

对于领导，HR 必须了解领导的立场，为领导普及工伤认定的相关知识。最关键的是用数字说话，分析工伤认定对企业的利与弊，争取在工伤认定上得到领导的支持。

对于员工，HR 必须换位思考，站在员工的位置，态度诚恳，表明企业的态度和立场，稳定员工的情绪。

对于劳动部门，HR 更多是了解工伤认定的具体规定和流程，避免因不了解政策造成工作被动。

【管理箴言】

退休返聘人员不属于劳动关系的主体，与企业签订的多为劳务协议，适用于民法处理法律关系。一旦发生"工伤"，企业应从情理、法理的角度出发，根据劳务协议约定处理纠纷和"工伤"。除了正常的慰问、安抚之外，给予受伤返聘人员一定的经济补偿或救助是可行的，这也是企业管理应该做的。毕竟，企业管理之外还有社会声誉，很多时候社会声誉更重要。

员工在外兼职受到伤害时，工伤责任可以这样划分

【管理场景】

某公司有一名司机，工作时间为正常白班，他下班以后就偷偷去另一家公司兼职开车，一直没有被自己公司发现。该员工在兼职期间出了车祸，脚掌粉碎性骨折，经过治疗之后还是没有保住脚。员工强烈要求公司给他申报工伤，他的家人也来过公司好几次，恳求过，也闹过。公司一直给这名司机正常缴纳了社保，但公司没有禁止在外兼职的相关规定。对于该员工，HR 怎么处理比较合适？

【问题分析】

员工兼职时间发生车祸，该如何申报工伤？

我们一起熟悉下有关兼职工伤的处理原则：职工（包括非全日制从业人员）在两个或者两个以上用人单位同时就业的，各用人单位应当分别为职工缴纳工伤保险费；职工发生工伤，由职工受到伤害时工作的单位依法承担工伤保险责任。

根据该条原则，职工兼职的，兼职用人单位应当为其缴纳工伤保险费。

而且，如果职工在兼职时间发生工伤的，该兼职用人单位也应该依法承担工伤保险责任。

司机属于兼职人员，该用人单位作为司机的兼职单位，其应该依法为司机缴纳工伤保险费。司机在兼职期间发生车祸，如果非本人主要责任，符合工伤认定条件，可以被认定为工伤。在这种情况下，司机兼职的用人单位依法应该承担相应的工伤保险责任。

实际上，还有第三种情况：如果员工下班去兼职的路上出现工伤事故，又该如何界定？可见，处理工伤不仅要懂法，更要法情理结合。

员工发生工伤，家属闹也好，恳求也罢，都是想解决问题，只是用错了方式和对象。HR一定要合理引导，协助员工家属找准工伤申报途径，早日完成工伤申报。

首先，让员工及家属明确工伤申报的条件：用人单位职工在工作期间受到伤害的，只要符合《工伤保险条例》第十四条和第十五条的规定，则应当被认定为工伤，享受工伤保险待遇。

其次，明确申报主体和时限：工伤发生后，申报主体为员工受到伤害时的兼职用人单位，如果用人单位未在规定时间内提交工伤认定申请，在此期间发生符合《工伤保险条例》规定的工伤待遇等有关费用由该用人单位负担。

再次，了解工伤认定申请应当提交的材料：

（1）工伤认定申请表；

（2）与用人单位存在劳动关系（包括事实劳动关系）的证明材料；

（3）医疗诊断证明或者职业病诊断证明书（或者职业病诊断鉴定书）；

（4）其他相关证明材料。

最后，把握工伤的申请流程，避免员工或家属走弯路，产生不必要的焦虑情绪。

（1）申请：由用人单位、受伤害职工或者其直系亲属向社会保险部门提出工伤认定申请来访、询问，社会保险部门以书面形式告知申请须知，并提供《工伤认定申请表》。

（2）审核：审核申请人提供的材料是否完整，是否符合受理条件（不完整的当场或者十五个工作日内以书面形式一次性告知）。

（3）受理：工伤认定申请人提供的申请材料完整，属于社会保险行政部门管辖范围且在受理时效内的，社会保险行政部门应当受理。社会保险行政部门不予受理的，应当书面告知申请人并说明理由。

（4）调查核实：社会保险部门受理工伤认定申请后，根据需要对提供的证据进行调查核实，并于受理之日起六十日内做出工伤认定的决定。

（5）送达：在工伤认定决定做出之日起二十个工作日内，将工伤认定决定送达工伤认定申请人（受伤害职工和用人单位）。

（6）行政复议：当事人、用人单位对工伤认定决定不服的可以依法申请行政复议。

（7）行政诉讼：当事人、用人单位对行政复议不服的可以依法提起行政诉讼。

HR 一定要有这个认知：无论员工全职还是兼职，用人单位都应该依法为其缴纳工伤保险费或购买意外险，这样当员工发生工伤时才能更好地承担工伤保险责任。

【管理箴言】

企业不能限制员工在八小时以外的时间工作。对于兼职员工在兼职期间受伤能否认定为工伤，从企业本身而言是不符合认定条件的。企业的 HR 应帮助员工及其家属了解工伤认定的条件和依据，必要时可以帮助员工与其兼职的企业对接，以维护企业合法权益。此外，工伤认定的决定权不在企业，而是在行政主管部门。企业人力资源部门完全可以在息事宁人的前提下帮助员工申请工伤认定，实事求是地讲清员工受伤害的环境、背景，让行政主管部门判断能否认定为工伤。这可以说也是一种不错的路径，至少化解了企业与员工的冲突和矛盾。

解除三方协议时，重点在于沟通

【管理场景】

明星公司是做工程代建的，由于与合作方有工程代建需要，紧急招聘了 120 名大学生，并且签订了三方协议，但在三方协议中没有明确入职时间和违约责任。后因代建合同发生变化，明星公司需要将这批大学生转交合作方接收，学生毕业后直接入职合作方公司。双方与学生口头沟通后均表示同意。现在因资金紧张，工程推迟启动，合作方也不想接收这批大学生。公司又没有能力安排，领导要求与这批大学生解除三方协议。请问明星公司该如何与大学生解除三方协议？

【问题分析】

三方协议是《普通高等学校毕业生、毕业研究生就业协议书》的简称，它是明确毕业生、用人单位、学校三方在毕业生就业工作中的权利和义务的书面表现形式，以便于解决应届毕业生的户籍、档案、保险、公积金等一系列相关问题。

协议在毕业生到单位报到、用人单位正式接收后自行终止。大学生与企业及校方签订的三方协议，在法律方面等同于企业向学生发出了录用通知书。这种协议的签订具备一定的法律民事责任。如果企业因业务调整不再需要这批大学生，可直接与学生和校方进行沟通，处理好学生的档案等后续问题。

我们平时接触更多的都是大学生主动找用人单位解约，但这次主动解约的却是用人单位。对于企业而言，这个问题的难点不在于如何与学生解除三方协议，而是如何安抚学生的情绪，维护企业的信誉。试想，如果在毕业报到阶段，这个解除会对学生和学校产生多大的负面影响？

因此，在解除三方协议之前，HR 需要考虑学生是否报到，如何弱化解约给学生和学校带来的不良影响。实际上，深入分析后可以看到，情况可能没有想象中那么严重。因为 120 名学生中还存在主动解约的概率，HR 要做的就是把这类学生提前范出来。

用人公司因资金链问题造成违约，代建公司应积极沟通为学生争取合理的补偿金。虽在协议上没有明确具体的入职时间和违约责任，即使单方面解除该协议，也不会产生多少直接的负面影响，但是如果三方能协商出更妥善的方案，就能保障办议更顺利地解除。

三方协议的解除，重点在于沟通。120 名大学生很难短期内二次确定意向企业。因此，让学生主动求职，还是继续等待项目开工，需要学生做出选择。整体沟通的目的是把三方利益损失降到最小，减少不必要的矛盾或纠纷。

三方协议原本是一个保障，但现在看来，解约才是最大的保障。HR 要给大学生宣传到位：三方协议并非正式的劳动合同，对应届生身份不会造成影响，从而降低其接受过程中的阻碍。

三方协议可以协商解除，也可在出现约定或者法定的解除事由时，由享有解除权的一方行使解除权解除。

本是"三方协议"，实际上更像是"四方问题"：学生、学校、代建公司与用人公司，其中的关系类似劳务机构的四方关系。对于目前这种状况，最好的处理方式就是企业向校方及学生进行实际问题的回复，直接告知对方真实原因，并做一定的补偿，无须找过多的理由与处理方法，处理越简单、直接越好！

【管理箴言】

三方协议受民法典约束，解约具体有协议解约、约定条件解约和法定情形解约等形式，具体形式要看三方协议中有没有关于违约金及违约责任承担的约定。对于企业而言，解除三方协议涉及人员数量多时，还有要做好善后和安抚计划，无论是否约定违约金，必要时都应给予相应的补偿或推荐去其他企业就业。这样不但有利于维护的企业声誉，还有利于化解矛盾。

兼职管理应避免与全日制相同

【管理场景】

捷安是一家软件公司，其招聘了一名兼职技术顾问，并只与其签订了一份聘用协议。因为之前公司各岗位都是全职人员，HR对兼职技术顾问的入职办理及后续管理一时还不知道从哪里入手。请问兼职人员的管理和全职员工相比有何不同？在实际操作中应注意哪些方面？

【问题分析】

查尔斯·汉迪在《工作与生活的未来》一书中提出，未来的组织都会是"三叶草组织"，其中就包含兼职工作人员。他甚至预言未来灵活性的劳动力将占所有劳动力人数的一半。如今随着"斜杠青年"的普及，涌现出越来越多的兼职人员。

兼职是区别于全职而言的，是指在本职工作之外兼任其他工作职务。对于企业而言，兼职者往往具有现有团队缺乏的能力。企业中常见的兼职岗位有文案类、销售类、设计类、专业性顾问及讲师等。在对兼职人员的管理过程中，很容易发生与协议内容设定及日常监管相关的问题。

兼职人员的身份将影响企业的管理模式及管理难易程度。例如，兼职技术顾问，是在读博士生，还是社会人员；是有全职单位人士，还是自由职业者；是有多份兼职，还是第一份兼职……这种身份带来的差别很容易影响兼职顾问作用的发挥。

《劳动合同法》对非全日制用工有以下规定。

（1）合同形式及兼职规定（第六十九条）

非全日制用工双方当事人可以订立口头协议。从事非全日制用工的劳动者可以与一个或者一个以上用人单位订立劳动合同；但是，后订立的劳动合同不得影响先订立的劳动合同的履行。

（2）试用期规定（第七十条）

非全日制用工双方当事人不得约定试用期。

（3）劳动合同解除及补偿（第七十一条）

非全日制用工双方当事人任何一方都可以随时通知对方终止用工。终止用工，用人单位不向劳动者支付经济补偿。

（4）工资标准及支付周期（第七十二条）

非全日制用工小时计酬标准不得低于用人单位所在地人民政府规定的最低小时工资标准。非全日制用工劳动报酬结算支付周期最长不得超过十五日。

兼职用工是平等主体依据双方约定所形成的一种合作关系，不存在隶属性；时间非常灵活，不会全天固定在某一岗位上；企业承担的人工成本不同；关系的稳定性和归属感不同……签订兼职合同，与签订正常的全职合同差别不大，HR需要关注以下几点：

（1）注意兼职劳动提供的期限；

（2）明确兼职工作内容和验收标准；

（3）兼职服务时间不要超过《劳动合同法》的规定；

（4）兼职报酬结算周期最长不得超过十五日；

（5）个税扣除方式或发票提供的具体要求；

（6）明确出现纠纷时的解决流程。

因此，对于兼职人员，不必当成员工一样进行入职管理、考勤管理、福利管理……而是可以将其看作第三方客户，考虑如何达成合作共赢。

对兼职人员的管理既不能僵化，也不能流于形式。HR要了解企业的能力缺陷，充分发挥兼职技术顾问的作用。切忌把兼职顾问当保姆，事无巨细都找兼职技术顾问……当兼职顾问成了事务性人员，这合作也就到头了。

当HR发现内部员工没有能力完成某些工作任务时，就要考虑在企业外部找资源。兼职技术顾问的合作内容一定要精准，有针对性。对接人员也要具备足够的专业度，要避免反复返工，降低效率，使有兼职人员比没有兼职人员耗时更久……如果付出与回报不成正比，又感受不到工作的成就感，那么兼职随时有可能终止。

企业要让兼职人员的价值最大化，而不是张口闭口谈工具、理论。要想使兼职获得认可，长久地合作下去，内部员工也要学会改变，让自己变得更有价值。

为什么技术顾问选择兼职，而不是全职？他喜欢在今后的合作中达到哪种效果？这些都是管理中需要考虑的问题。

HR 能做的就是尽可能让实际工作与合同描述一致，不频繁改动需求，不人为设置障碍；能让兼职人员感受到信任和尊重；结算及时，不拖欠费用，甚至还有额外奖励；沟通及时、高效……做好这些，比研究如何管理更有价值。

【管理箴言】

兼职是非全日制用工劳动法律关系，还是民事法律关系，企业与当事人要提前约定清楚。提前对采用何种工作方式、参与工作的时间、需要交付的成果或解决的问题及相关报酬的支付做好约定，有助于业务的开展，更有助于对兼职人员的管理和评价。避免发生不必要的纠纷是采用兼职的基本前提，兼职收入是工资性收入还是劳务性收入需要界定清楚，这直接涉及个税缴纳的多少。

多元化用工管理相关法条

【劳动合同法】(2012)

第十七条 劳动合同应当具备以下条款：

（一）用人单位的名称、住所和法定代表人或者主要负责人；

（二）劳动者的姓名、住址和居民身份证或者其他有效身份证件号码；

（三）劳动合同期限；

（四）工作内容和工作地点；

（五）工作时间和休息休假；

（六）劳动报酬；

（七）社会保险；

（八）劳动保护、劳动条件和职业危害防护；

（九）法律、法规规定应当纳入劳动合同的其他事项。

劳动合同除前款规定的必备条款外，用人单位与劳动者可以约定试用期、培训、保守秘密、补充保险和福利待遇等其他事项。

第五十八条 劳务派遣单位是本法所称用人单位，应当履行用人单位对劳动者的义务。劳务派遣单位与被派遣劳动者订立的劳动合同，除应当载明本法第十七条规定的事项外，还应当载明被派遣劳动者的用工单位以及派遣期限、工作岗位等情况。

劳务派遣单位应当与被派遣劳动者订立二年以上的固定期限劳动合同，按月支付劳动报酬；被派遣劳动者在无工作期间，劳务派遣单位应当按照所在地人民政府规定的最低工资标准，向其按月支付报酬。

第五十九条 劳务派遣单位派遣劳动者应当与接受以劳务派遣形式用工的单位（以下称用工单位）订立劳务派遣协议。劳务派遣协议应当约定派遣岗位和人员数量、派遣期限、劳动报酬和社会保险费的数额与支付方式以及违反协议的责任。

用工单位应当根据工作岗位的实际需要与劳务派遣单位确定派遣期限，不得将连续用工期限分割订立数个短期劳务派遣协议。

第六十条 劳务派遣单位应当将劳务派遣协议的内容告知被派遣劳

动者。

劳务派遣单位不得克扣用工单位按照劳务派遣协议支付给被派遣劳动者的劳动报酬。

劳务派遣单位和用工单位不得向被派遣劳动者收取费用。

第六十一条 劳务派遣单位跨地区派遣劳动者的，被派遣劳动者享有的劳动报酬和劳动条件，按照用工单位所在地的标准执行。

第六十二条 用工单位应当履行下列义务：

（一）执行国家劳动标准，提供相应的劳动条件和劳动保护；

（二）告知被派遣劳动者的工作要求和劳动报酬；

（三）支付加班费、绩效奖金，提供与工作岗位相关的福利待遇；

（四）对在岗被派遣劳动者进行工作岗位所必需的培训；

（五）连续用工的，实行正常的工资调整机制。

用工单位不得将被派遣劳动者再派遣到其他用人单位。

第六十三条 被派遣劳动者享有与用工单位的劳动者同工同酬的权利。用工单位应当按照同工同酬原则，对被派遣劳动者与本单位同类岗位的劳动者实行相同的劳动报酬分配办法。用工单位无同类岗位劳动者的，参照用工单位所在地相同或者相近岗位劳动者的劳动报酬确定。

劳务派遣单位与被派遣劳动者订立的劳动合同和与用工单位订立的劳务派遣协议，载明或者约定的向被派遣劳动者支付的劳动报酬应当符合前款规定。

第六十四条 被派遣劳动者有权在劳务派遣单位或者用工单位依法参加或者组织工会，维护自身的合法权益。

第六十五条 被派遣劳动者可以依照本法第三十六条、第三十八条的规定与劳务派遣单位解除劳动合同。

被派遣劳动者有本法第三十九条和第四十条第一项、第二项规定情形的，用工单位可以将劳动者退回劳务派遣单位，劳务派遣单位依照本法有关规定，可以与劳动者解除劳动合同。

第六十六条 劳动合同用工是我国的企业基本用工形式。劳务派遣用工是补充形式，只能在临时性、辅助性或者替代性的工作岗位上实施。

前款规定的临时性工作岗位是指存续时间不超过六个月的岗位；辅助性工作岗位是指为主营业务岗位提供服务的非主营业务岗位；替代性工作岗位是指用工单位的劳动者因脱产学习、休假等原因无法工作的一定期间内，可以由其他劳动者替代工作的岗位。

用工单位应当严格控制劳务派遣用工数量，不得超过其用工总量的一定比例，具体比例由国务院劳动行政部门规定。

第六十七条 用人单位不得设立劳务派遣单位向本单位或者所属单位派遣劳动者。

第六十八条 非全日制用工，是指以小时计酬为主，劳动者在同一用人单位一般平均每日工作时间不超过四小时，每周工作时间累计不超过二十四小时的用工形式。

第六十九条 非全日制用工双方当事人可以订立口头协议。

从事非全日制用工的劳动者可以与一个或者一个以上用人单位订立劳动合同；但是，后订立的劳动合同不得影响先订立的劳动合同的履行。

第七十条 非全日制用工双方当事人不得约定试用期。

第七十一条 非全日制用工双方当事人任何一方都可以随时通知对方终止用工。终止用工，用人单位不向劳动者支付经济补偿。

第七十二条 非全日制用工小时计酬标准不得低于用人单位所在地人民政府规定的最低小时工资标准。

非全日制用工劳动报酬结算支付周期最长不得超过十五日。

【最高人民法院关于审理劳动争议案件适用法律问题的解释（一）】（2020）

第三十二条 用人单位与其招用的已经依法享受养老保险待遇或者领取退休金的人员发生用工争议而提起诉讼的，人民法院应当按劳务关系处理。

企业停薪留职人员、未达到法定退休年龄的内退人员、下岗待岗人员以及企业经营性停产放长假人员，因与新的用人单位发生用工争议而提起诉讼的，人民法院应当按劳动关系处理。

多元化用工管理相关工具

【某建筑集团临时性用工管理规范】（摘要）

二、临时性用工主要形式

1. 生产工作必需的，以小时计酬为主，劳动者在同一用人单位一般平均每日工作时间不超过四小时，每周工作时间累计不超过二十四小时的岗位，按照《劳动合同法》有关非全日制用工规定，可实行非全日制用工。

2. 对生产工作必需且不能采取非全日制用工方式的临时性、辅助性、替代性岗位，可实行劳务派遣用工，但各所属分、子公司要严格控制劳务派遣数量，所使用的劳务派遣人员数量必须控制在用工总量的 10% 以下。

（1）临时性工作岗位是指存续时间不超过六个月的岗位。

（2）辅助性工作岗位是指为主营业务岗位提供服务的非主营业务岗位。各所属分、子公司决定使用被派遣劳动者的辅助性岗位，应当经职工代表大会或者全体职工讨论，提出方案和意见，与工会或者职工代表平等协商确定，并在单位内部公示。

（3）替代性岗位是省用工单位的劳动者因脱产学习、休假等原因无法工作的一定期间内，可以由其他劳动者替代工作的岗位。

3.组建了施工劳务企业的分、子公司，对于不能采用非全日制用工或劳务派遣的人员，可纳入施工劳务企业管理，由施工劳务企业与主体企业签订相关协议，完善用工手续，将人员输送到主体企业。

4.各分、子公司使用符合临时性、辅助性、替代性岗位要求的劳务派遣用工，必须严格控制劳务派遣用工数量，不得超过本单位用工总量的10%。

（1）用工总量是指用工单位签订劳动合同人数与使用的被派遣劳动者人数之和。

（2）计算劳务派遣用工比例的用工单位是指依照《劳动合同法》和《劳动合同法实施条例》可以与劳动者签订劳动合同的用人单位。

【某集团公司规范劳务派遣用工管理指导意见】（摘要）

第二章　劳务派遣用工范围

第六条　劳务派遣工只能用于临时性、辅助性或替代性的工作岗位。

临时性工作岗位是指存续时间不超过六个月的岗位。

辅助性工作岗位是指为主营业务提供服务的非主营业务岗位。所指辅助性岗位由各用工单位根据本企业所处行业和业务特点，提出辅助性岗位列表和岗位职责、任职资格等信息，经与本企业工会或职工代表大会共同协商确定，并在本企业内公示。

替代性工作岗位是指用工单位的劳动者因脱产学习、休假等原因无法工作的一定时间内，可以由其他劳动者替代的岗位。

第七条　企业关键岗位、管理岗位、涉及商业秘密或专业技术的岗位均不得使用劳务派遣用工。

第八条　用工单位应当严格控制劳务派遣用工数量，使用的被派遣劳动者的数量不得超过用工总量的10%。

用工总量是指用工单位签订劳动合同人数与使用的劳务派遣人数的总和。

第九条 各用工单位不得将被派遣劳动者再派遣到其他用人单位。

第四章 劳务派遣机构管理

第十五条 各用工单位应选择依法设立、资质齐全、管理规范、信誉良好的劳务派遣机构，采用招标方式在企业所在地选择劳务派遣机构。劳务派遣机构选用必须为集团公司入库的供应商名录中的服务机构。

第十六条 各用工单位应建立相应的考核评价制度，定期对劳务派遣机构实施考核评价，并将考核评价结果作为与劳务派遣机构续签或解除劳务派遣协议的主要依据，同时将考核结果报集团公司备案。

第十七条 各用工单位应核查劳务派遣机构与劳务派遣劳动者的劳动合同签订情况，避免用工单位使用未与劳务派遣机构签订劳动合同的劳务派遣劳动者。

第十八条 各用工单位应定期核查劳务派遣机构给劳务派遣劳动者发放工资和缴纳社会保险费等情况，维护劳务派遣劳动者的合法权益。

第五章 劳务派遣劳动者管理

第十九条 劳务派遣劳动者的年龄须符合国家法律法规要求，满足拟派遣岗位的用工需要。

第二十条 各用工单位必须把好劳务派遣劳动者入口关，加强劳务派遣劳动者入职体检，岗前、岗中培训，强化劳务派遣劳动者的安全生产管理，避免"以包代管"。

第二十一条 劳务派遣劳动者享有与用工单位劳动者同工同酬的权利。

第二十二条 各用工单位要制定劳务派遣劳动者绩效管理制度，加强对劳务派遣劳动者的业绩考核，形成奖惩分明、优胜劣汰的用人机制。

第二十三条 畅通劳务派遣劳动者发展通道，允许劳务派遣劳动者参与本单位组织的专业技术资格、职业资格评审。

第二十四条 鼓励各用人单位与表现优秀的劳务派遣劳动者签订劳动合同，与劳务派遣劳动者签订劳动合同的用人单位必须制定相关实施办法，人数限制每年年度内不得超过劳务派遣劳动者总数的 5%，并报集团公司备案。

第二十五条 各用工单位应建立劳务派遣劳动者用工档案。

第六章 劳务派遣费用管理

第二十六条 劳务派遣费用包括劳务派遣劳动者工资、社会保险的企业缴纳部分，以及支付给劳务派遣机构的管理费或服务费。

第二十七条 各用工单位应参照所在地劳动力市场价位，根据岗位的性质、特点、职责、贡献、工作强度及工作环境等因素，确定与市场接轨的劳务派遣劳动者工资水平。

第 6 章

情境管理

面对职场欺凌要理性看待

【管理场景】

作为保障劳动者权益的基本法律,《劳动法》和《劳动合同法》中并没有关于职场欺凌方面的规定,也没有与之相关的行政规定和司法解释。职场欺凌属于民法范畴,具体欺凌行为除了在办公室等工作地点之外,在社交媒体、出差地点、聚餐场所及私下见面时出现类似的行为也将被认定为欺凌。这意味着下班后给下属发工作指示、让女员工跑腿泡咖啡、向员工劝酒、散播个人信息等行为都已被列入职场欺凌。

【问题分析】

下班后给下属发工作指示,竟然被列入职场欺凌?是对职场欺凌的认定太苛刻,还是我们习惯了温水煮青蛙的环境?

下班后接到上级的工作指示,我们早就习以为常。相比那些成年累月"996"的群体,这算什么职场欺凌?身在职场,谁没经历过义务加班、值班?谁没被要求过手机 24 小时保持开机状态?

女员工跑腿泡咖啡,这似乎成了其工作职责的一部分。貌似每天一大早,总有早到的人给大家泡茶;中午懒得去食堂,顺便让同事带个盒饭;至于劝酒,几乎成了一种文化……以后这些都是职场欺凌了?

就目前来说,要杜绝这类职场欺凌有点形同虚设。

禁止下班给下属发指示,对策有很多:可以让平级转告,可以让下级转发,甚至有可能衍生专门接转上级指示的部门和岗位。

禁止女员工跑腿泡咖啡，换男员工行不行？不要咖啡，饮料可不可以？禁止劝酒，约定俗成主动喝，行不？

某地为了维护女性权益，曾将某些岗位的产假延长到一个匪夷所思的期限，结果这些岗位拒绝招录女性。本来是为了保护女性，却造成女性大面积失业。

我们一起做个假设，如果这个职场欺凌被完全认定并全面推广，结果会是怎样？

在企业内部，下班后不再有工作指示，女员工不再泡咖啡，没人劝你喝酒，公司没有八卦新闻，个人信息被严格保密……这样的职场是不是就完美无缺呢？

可能的情形则是下班后的确没有工作指示，因为指示都在下班前发布了，为了避免遗漏，所以尽可能地多发布指示；女员工不再泡咖啡，因为有人让第三方送来了，至于是男员工还是女员工，没人在乎；当然没人劝你喝酒，因为你已经被排除在这个圈子之外了……

职场上除了这些看得见的欺凌，那些看不见的怎么管？你贡献再大，照样不被重用，算不算欺凌？你辛苦写的方案，上级看都不看就给否决了，算不算欺凌？各种创意剽窃、抢功、推卸责任，算不算欺凌？

遭遇职场欺凌，忍气吞声不如奋起反抗，但同时也需要理性判断。在非上班时间安排义务劳动，的确有可能造成身体、精神和情绪上的痛苦或导致工作环境恶化。但换一个角度看，这未必不是一种磨炼。有时候，敬业并不抽象，是在分外的时间也尽力做分内的事。

适者生存，优胜劣汰。当你不会受任何欺凌、像温室里的花朵时，你其实也放弃了成长。

【管理箴言】

> 对于职场而言，职场欺凌是人际关系冲突的体现，情商、格局、智慧和底线是化解职场欺凌的组合拳。对于企业而言，当企业存在职场欺凌时，企业管理和企业文化的改进才是企业消除职场欺凌的必要手段。只有员工和企业共同努力，才能制止、化解和消除职场欺凌。

上班怠工，员工拒绝接受摄像头监督

【管理场景】

> 老员工因在上班期间"摸鱼"被辞退，该员工一怒之下申请仲裁，告公司违法辞退。结果公司败诉，因为无法提供该员工怠工的证据。管理者痛定思痛，立刻通知人力资源部在办公场所悄悄安装了摄像头，员工是否有"摸鱼"行为，一查监控录像便知。谁知好景不长，偷装监控的事被员工发现。员工认为任何偷窥、偷拍他人隐私，或者窃听、散布他人隐私的行为都侵犯了他人的人格权，是违法的。

【问题分析】

用人单位在办公场所安装摄像头是否违法，早有定论。这一行为本身并不必然构成对员工隐私权的侵犯，但不代表用人单位可以随意使用摄像头。

不管安装摄像头是合法还是违法，员工们之所以反对，是因为这种措施触及了个人利益，合法性是前提，隐私权也亟须捍卫。

有一则关于摄像头的新闻报导。某公司防火墙的访问记录显示，李小姐上班 5 个月，网购点击数量为 1 万多次，其访问视频的行为甚至导致内网系统瘫痪。公司因此开除李小姐，李小姐诉至仲裁。

法院经审理认为，用人单位与劳动者的地位平等，用人单位应当保障劳动者的合法权益，劳动者也应当遵守用人单位的劳动纪律和规章制度。原告李小姐在工作期间下载与工作无关的软件，浏览网购网页，在 5 个月内点击达上万次，视频点击率近 400 次，违反了公司的劳动纪律和规章制度。公司与她解除劳动合同，依据正确，程序合法。因此，法院驳回了李小姐的诉讼请求。

尽管公民的隐私权应受法律保护，但站在管理者的立场，网络监控是为了达成合法的商业目的及保护企业的商业秘密。如果员工因为上班时间不当使用网络被监控到而提出诉讼请求，很可能不被支持。

安装摄像头与监控网络本质上没有任何区别。那么，企业该怎么做，才能让监控行为得到员工的认可，顺利实施呢?

企业可以先找一个兼职监工，发现问题进行拍照、公示、记过、罚款，甚至辞退一两个顶风作案的员工。这样持续一段时间后，管理者再用摄像头代替。

企业要协调的，永远是个别员工。另外，不要把监控结果与处罚直接挂钩，标杆行为必须正向激励。这样有奖有罚，本质上将员工分成了三类，监控针对的只是少数反对者，排斥声自然会小很多。

员工在上班时间"摸鱼"，无休止地网购或聊天，企业除了监控，还可以采取其他手段干预。例如，从后台屏蔽一些非工作网站，启用企业 QQ 或微信。

再回到摄像头事件。摄像头不能随意安装，企业应当按规定报批备案，并向员工明示告知。如未明示，则有偷窥之嫌。

值得一提的是，监控仅限于工作场所和工作时间，监控内容仅限于与企业经营活动相关；企业对受监控员工的个人隐私信息负有严格保密义务，不得随意公开；员工享有平等权，安装的摄像头应面对整个办公场所，不得只针对特定的某个员工。

【管理箴言】

无论是网络监控，还是视频监控，都已成为管理常用的辅助性手段。其合法的前提是应提前备案和告知，如"进入视频监控区，请注意言行""前方 100 米超速摄像"等，而不能偷偷摸摸地进行。在更衣室、卫生间等私密空间安装摄像头是禁止的，也是违法的。在企业管理中，监控只是管理的辅助性手段，完善和建立工作目标界定、工作任务分配、绩效管理制度、员工行为规范等规章制度才是规避"摸鱼"最必要和最有效的手段。

新员工不等管理者下班就走，如此亚文化是否可取

【管理场景】

最近半年，某公司入职了一批新员工，他们的工作能力都不错，也很有活力。这几天，领导却反映这批员工下班了到点就走，而老员工都会留下来继续工作半小时到一小时。领导觉得这种行为属于态度不端正，让 HR 好好管一管。HR 没权力管是一方面，另一方面他们也是下班后才走的，并没有违反公司的规定，这真让人左右为难。

【问题分析】

这看似是一个加班文化之争，实则是一个管理的养成问题；这看似是一个加班管理问题，其实体现了工作效益问题；这看似是一个新老员工的矛盾，实际上是一种文化对抗与冲突。

2021 年底，36 氪公司进行了一项关于现今职场年轻人下班情况的调查，其中关于下班时间的一项数据显示，有七成的"90 后"员工是下班后不等领导就先走的，而"00 后"员工的比例则更高。

加班，到底是敬业还是无能？我们要结合企业文化，一分为二地看。

有些单位提倡不加班，领导每天下班都催着关电源、锁门。用他的话说，管理只会带来成本，我们要的是效益和效率，而不是看谁能熬到底。

员工也不是不能加班，而是看加班能不能带来价值。如果不能带来价值，这种伪加班形成的亚文化对企业的伤害更大。

当职场规则受到挑战时，中层管理者应该怎么办？最低级的方法就像这个管理者，发现问题却没有能力解决，只是把问题原封不动地转移给 HR。好一点的管理者会针对问题，一对一沟通。

管理就是最大限度地利用手中的资源。一对一谈话，依然属于单打独斗的范畴；以老带新，则可以成为模式进行复制。

真正让人愿意加班的，不是所谓的职场规则，也不是领导的强压式管理，而是工作本身带来的成就感。管理者如果能激发员工的积极性，让被动变为主动、无偿变为有偿，困局将自然而然地迎刃而解。

HR 要分析员工行为是否与企业文化相匹配，挖掘问题背后深层次的原因：新员工是反对加班，还是反对无效加班？加班文化到底对战略的达成有多大的作用？年轻一代的职业追求有哪些变化……想清楚了这些问题，管理就不再复杂和内耗了。

【管理箴言】

　　加班是否有效，这才是关键。如果人效不提高，只是熬时间，表现出繁忙的样子，这是非常不可取的。水电等能耗不是企业的成本吗？降本增效是企业管理的核心课题。与其对员工的作息时间进行管理，不如重点关注八小时内的人效。员工按点下班看似员工的工作态度有问题，其实是企业文化有问题，是管理者的管理理念有问题。不改变文化和理念中存在的问题，效率的提高也只是昙花一现。

未安排员工年休假，应按 300% 支付年休假工资

【管理场景】

　　小李是公司的一位业务员，入职已有两年多了，最近突然向公司提出近两年从未休年假，因此要求公司支付未休年假对应的折算工资。公司认为《员工手册》中明确规定了"若员工本人当年未提出年假申请，则视为自动放弃年休假"，因此该员工的年休假已经"自动清零"，不存在补偿。年假天数应该如何计算？面对这种情况，HR 应该如何合规管理企业年假？

【问题分析】

　　某集团子公司的 HR 在线求助：新员工刚入职就申请年休假怎么办？薪酬经理的回复简单有力：直接拒绝。因为当年的年休假天数应该按照在本单位剩余日历天数折算确定，折算后不足一整天的部分不享受年休假。

刚入职就申请年休假这种做法引发了大家对年休假天数的关注。我们都知道职工的年休假天数与自己的工龄有关，却不太懂年休假天数的计算方法。

"年假不休就清零"是多数企业不成文的规定。实际上，我国法律规定，员工未休年假的，企业需要支付三倍工资。

很显然，该公司的员工手册内容与法律规定相违背，并不产生效力。所谓的"自动清零"，只是限制员工休假自由的霸王条款。

根据我国《企业职工带薪年休假实施办法》第十条，用人单位经职工同意不安排年休假或者安排职工年休假天数少于应休年休假天数，应当在本年度内对职工应休未休年休假天数，按照其日工资收入的 300% 支付未休年休假工资报酬，其中包含用人单位支付职工正常工作期间的工资收入。

为了避免员工集中休年假，用人单位可以主动"安排"。例如，在春节放假时把超过国家安排休息的天数记作年休假，在职工休事假时视为年休假，也可以在工作不忙时安排部分职工年休假……而不是被动地等职工申请休年休假。

用人单位安排职工休年休假，但是职工因本人原因且书面提出不休年休假的，用人单位可以只支付其正常工作期间的工资收入。同样是不休年休假，让员工书面提出，显然比制度强制清零高明太多。

现实中，很多员工因为工作性质无法休年休假，企业制度又不支持三倍工资补偿，几乎都是在离职时才向企业提出年休假补偿。HR 如果从年休假的合法性切入，败诉的概率很大；如果以诉讼时效进行抗辩，则员工最多只能要求离职前两年未休年休假的补偿。需要格外注意的是，超过两年的未休年休假，举证责任发生转移，应由劳动者承担。

年休假在一个年度内可以集中安排，也可以分段安排，一般不跨年度安排。用人单位因生产、工作特点确有必要跨年度安排职工年休假的，可以跨一个年度安排。实在无法安排的，按三倍工资支付补偿金，而不是自动清零。不过，要说明的是对于离职员工，如果当年已经多休了，多休的不再扣回。

在合法合规的前提下，年休假管理还需要针对具体问题做出具体分析。HR 在面对年休假方面的疑难问题时，一定要学会换位思考，结合企业的导向和员工的需求抓主要矛盾，才能有效保障二者的合法权益。

【管理箴言】

年假清零是不可取，也是不合法的。企业可以采用灵活的方式，如积分、调休、延长放假、冲抵请假、规定时段休假等，对未休年假进行非经济补偿，这些都是可取的。很多企业在管理上因为格局受限，喜欢在休假休息上跟员工斤斤计较，似乎占了员工很大的便宜。实际上，人效的提高才是企业管理应该重点关注的。

部门重组时，应向协同效应要人效以降成本

【管理场景】

某公司刚做好流程梳理，几个部门合成一个大部门，这就造成了部门内职级的变化，有些原本平级的同事变成了上下级，或者不同部门的同事变成了同一个部门。部门重组后，明显感觉到员工之间存在各种软抵抗。请问针对这样的情况，怎样做才能让部门内成员更好地接受这种变化，让内部相处更融洽和谐？

【问题分析】

一个企业组织首先要有自己的定位和愿景，才能梳理出战略目标。为了实现战略目标，企业必须排兵布阵，也就是建立自己的组织架构。HR 要告诉组织架构中的每一个岗位、每一个人，在未来的整个业务流程中要怎样做才能形成更好的结果。

企业的业务流程梳理后产生了变化，组织架构也因此出现了调整。在目前的大环境下，部门重组，尤其是大合并，很显然意味着减员。如果合并后有员工消极怠工，人为制造内耗，出现各种不和谐的声音，企业将有可能进行调岗或二次减员。

对于企业而言，重组是为了活下去，等待战略机会，提高管理效率，增加协同效应，降低成本……这些一般是在特定环境下采取的措施，很少长期如此。如果员工能看到这一点，熬过黎明前的黑夜，就能成为企业的功臣。

部门重组会造成部门内职级发生变化，薪酬也会随之变化；同级的同事变成了上级，或者下属变成了同级，员工之间除了尴尬，更有心理落差。最关键的是有可能造成分工的混乱和排斥，导致"各自为政"和"相互拆台"。

部门重组后，HR 的第一件事应该是重新梳理岗位职责，明确第一负责人的权限和管理范围；对于岗位中重叠的工作任务一定要具体落实到人；对于某些空岗职责一定要明确责任人，避免遇到事扎堆干或互相推卸。

在特定的大环境下，部门重组对于企业而言是无奈之举，传递的往往不是积极信号，很多人员都会抱着消极观望的心态。如果再出现内耗等状况，很容易造成人员流失。

HR 在部门重组后必须进行人才盘点，识别关键人才，并通过反复沟通让其看到企业的发展前景，增强其和企业一起走下去的意愿，而不是给其带来恐慌。

HR 不必草木皆兵，部门重组是管理者的决定，没有人敢站出来反对，但不代表已经默认了这种变化。至于融洽和谐，如果重组前没有，那么重组后大概率也不会有；如果重组前有，那么重组后也很难完全消失。

部门重组后的下一个方向有可能是减员，也有可能随着经营好转进行二次裂变……HR 可以引导员工将这次大合并看作一次考验。这样在遇到一些矛盾冲突时，大家都会比较克制，尽量保持一团和气、融洽和谐。

HR 也不能忽视人才储备。在这种情况下，突发员工离职的概率比较大，HR 必须有预判，不能等离职后才手忙脚乱地招聘。有了人才储备，才能有向不合拍的员工说不的底气，才能留住整个大部门的关键人才。

【管理箴言】

让组织变革更有成效的前提，就是企业必须用明确和坦诚的态度进行宣贯、落地和实施，让每一位员工清楚地知道组织变革是必须的，企业是认真的！对抱有抵触情绪和明显不支持变革的人，要及时给予撤换，做到"先换思想，后换人；不换思想，就换人"。

拿到"免裁券"并不一定免裁

【管理场景】

360 公司创始人周鸿祎曝光 360 公司年会中设置了特别奖"免裁券"一张，这引得各方议论纷纷。有人认为这种奖品属于幽默恶搞，笑笑就好。也有人认为这种操作只能给员工传递焦虑，令人反感。还有人讨论这种"免裁券"令该员工在用人单位裁员时得以身免是否具有法律效力；如果用人单位真的裁掉了该员工，凭此券是否可以确认裁人违法？对于此事，你怎么看？

【问题分析】

"免裁券"之类的创意并非 360 公司首创，突然备受媒体关注，只因为 360 公司是知名互联网公司，具有天然的热度，能自带流量和话题性。

2006 年，某集团的年会抽奖中也曾设置"免打卡"环节。某运营总监抽中了一个价值千元的背包，总裁现场签字，并宣称此人以后不再打卡。而实际情况是参加集团年会的基本都是高层，而高层一般不要求打卡。因此，所谓的"免打卡"只是一个噱头。

退一万步讲，即使普通员工抽到"免打卡"背包，是不是一定会每天迟到早退呢？何况，这样的"免打卡"背包仅一个，这对于十几万人的公司能有多大影响呢？

为什么 360 公司的"免裁券"比某公司的"免打卡"更吸引人注意？首先，是因为 360 公司作为知名互联网公司更具有话题性；其次，是因为裁员比迟到早退更有分量；最后，是因为舆论的推波助澜。

360 公司年会设置特别奖"免裁券"的初衷并没有我们想的那么复杂，不是事先布局，也不是为了吸引关注，只是单纯的一个小幽默而已。其集团的"免打卡"背包也完全是总裁一时兴起的主意。

难道拿到这张"免裁券"的员工会傻到不劳而获？毕竟这只有一年的保质期，如果真有这么实在的员工，估计来年第一个裁的就是他。"免裁券"不是救命符，只是一个小幽默。

这样看来，"免裁券"在360公司内部几乎毫无负面影响，公司内的反响远不如外部来得热闹。为什么外部看这样一条新闻时会出现各种解读？有人认为是360公司恶意宣传，有人认为是360公司将迎来一轮裁员潮，也有人质疑360公司的企业文化……可以说，一千个人眼里就有一千张"免裁券"。

因此，无须像读《红楼梦》那样过度解读，360公司方面很快正式回复了热议：360公司目前没有裁员，也没有裁员计划，周鸿祎的这条消息是幽默，实际上是为了鼓励创新、大胆试错。

与打卡相比，裁员绝对是一个禁忌词。尤其是随着互联网行业泡沫破灭，很多大企业纷纷裁员，减少支出以"过冬"。因此，一有风吹草动，市场往往就会多维度解读，而且竞争对手也想从中找到突破点。

因为裁员成为常态，所以"免裁券"才成为热门话题，这反映出当今员工的职场压力。当然，相对于360公司的三万多名员工，一张"免裁券"的影响力绝对有限，甚至可以忽略不计，因此没必要和HR专业度、价值观、企业文化等强行关联。员工更愿意将其看作年会的一个小创意，只是意外出圈了。

【管理箴言】

看到"免裁券"，令人想到封建社会的"丹书铁券"，它们都有豁免的内容表示。但事实上"免裁券"并不是真正的免，当突破管理的底线和原则时，相关人员就不能享受被免的权利。"免裁券"的出现，可以看作企业管理创新的一种尝试，我们无须过度解读。企业更应该多维度、多元化地进行管理，激发员工的潜能，让员工享受企业发展带来的红利，这才是企业员工管理的根本。

员工违法，堵不如疏，应标本兼治

【管理场景】

　　艾拓公司有一名生产班长，现年 52 岁，已经工作了近 30 年，最近因消极怠工、不服从部门工作安排被降职降薪。其个人认为是部门经理故意刁难他。在与部门经理沟通未果的情况下，他到部门经理办公室，拿刀抵住部门经理的腰，让部门经理恢复他的岗位和薪资。幸好被 HR 劝下来，没有发生伤人事件。该员工的行为已经违法了，但是现场没有其他人员，没有证据，该如何处理？部门经理的人身安全已经受到了威胁，如果辞退员工，又担心进一步产生过激行为，对此该怎么办？

【问题分析】

　　52 岁的老班长因消极怠工、不服从工作安排被降职降薪，沟通未果后持刀威胁部门经理……HR 必须调查整个事件的来龙去脉，了解其发生的根本原因，然后找管理者汇报情况，并说明人力资源部对此事的处理原则。

　　这个事件让人满腹疑云，因为其中逻辑混乱、矛盾重重，相信任何一个有判断力的 HR 都会提出异议。具体有哪些内容需要 HR 调查落实呢？

　　（1）动机

　　为什么消极怠工？作为一名 52 岁的生产班长，最近为什么会消极怠工，不服从部门的工作安排？HR 需要与双方当事人、周围相关同事进行座谈，详细了解老员工与部门经理的为人、两者之间的日常关系、老员工的具体工作内容、部门经理的管理风格等，从而找到员工消极怠工的真正原因。

（2）权限

降职降薪到底是谁说了算？假设老员工消极怠工属实，但谈到降职降薪，一个部门经理怎么有这么大的权力？做决定是否走了正规流程？这么大的事，HR竟然跟局外人一样毫不知情，这实在很离谱。HR不清楚相关领导是否签字，但一个没走完的流程、一个未公布的准决定就直接被宣布实施，这未免太草率了。

（3）疑点

调查事情的来龙去脉，了解员工消极怠工的起因，把握降职降薪存在的问题，找出其中的真实缘由……这样做也就不难处理了。

一般企业出现类似事件，都不想把事情闹大，由此产生的负面影响会严重影响企业品牌。HR在掌握事实的基础上，应尽量弱化整个事件造成的不良影响。

（1）对员工以倾听和沟通为主、教育为辅

很多员工闹事，几乎都是因为鸡毛蒜皮的小事。生产车间一般都重进度、轻管理，员工情绪很容易因某个事件而爆发，导致员工不是消极怠工，就是聚众闹事。耐心真诚地倾听和沟通很容易建立信任，这才是处理问题的良好方式。

案例中生产班长只知道埋头苦干，不善于沟通，更缺乏一些职场的应变能力。而部门经理的管理也比较简单粗暴，从而进一步激化了矛盾。因此，HR必须在建立信任的基础上，让员工打开心扉，畅所欲言。特别是要在事情过后员工情绪稳定下来，让员工认识到这种行为的危害。

所有谈话必须做好书面记录，由本人签字确认。同时，HR 必须告知员工，公司保留起诉他的权利，这种悬而未决的做法有时更有威慑力。

（2）对部门经理必须严肃批评

部门经理作为受害者，公司应该全力安抚，怎么能严肃批评呢？俗话说，火车跑得快，全靠车头带。当员工出现消极怠工的萌芽状态时，请问部门经理做了些什么？当员工不服从工作安排时，部门经理采取了哪些措施？对员工实施降职降薪，有没有汇报请示？正是部门经理的这些不作为导致矛盾一步步地激化，最终演变成员工与领导之间的对峙。因此，对部门经理必须严肃批评，让其深刻认识到自身的错误。

（3）组织当事人面对面承认错误

作为生产班长，可以说是公司发展的中流砥柱，有问题反映问题，再怎么也不能消极怠工并进行人身攻击。要求他对自身错误必须有深刻的认识，对当事人造成的困扰应真诚道歉。

作为部门经理，事件起因与自身管理疏忽有很大关系，因此要敢于承认自己的错误，如果跟员工打"太极拳"，必将导致员工更大的不满，而且有可能成为事件升级的导火线。如果老员工的要求纯粹是无理取闹，则必须态度坚决地拒绝无理要求；否则，以后员工的要求仍有可能通过闹事来提出。

（4）治标更要治本

整个事件平息后，相关部门必须做出深刻的事件复盘，从源头杜绝此类事件再次发生。通过深入了解整个事件的前因后果，HR 也清醒地认识到，公司在管理制度、沟通渠道、流程体系、心态培训等方面都必须不断完善和改进。

没有调查，就没有发言权。HR 应避免先入为主地事先定性，否则有可能埋下更大的隐患。堵不如疏，如何解开员工的心结，弱化事件的影响，完善公司的制度流程，从根本上解决问题，才是 HR 应该重视的。

【管理箴言】

安全生产有"四不放"过原则，即事故原因未查清不放过、责任人员未处理不放过、整改措施未落实不放过、有关人员未受到教育不放过。在没有查清楚事情的前因后果，以及判断出员工为何消极怠工、部门安排降职降薪的依据、部门经理是否存在故意刁难等问题之前，处理人是最低级的企业管理行为，十分不可取。只有找出问题背后的原因，才能有效预防类似问题再次发生，以及预防过激行为导致伤害事件发生。

员工犯错造成企业经济损失，处罚不是最终目的

【管理场景】

小高是某家工厂的操作工，最近因为粗心大意违反车间操作规范，导致设备受损，工厂预估经济损失约为 6 万元。针对此次事件，工厂认为小高是事故发生的主要责任人，应当赔偿全部损失。由于小高的月薪标准为 3000 元，因此领导决定按工厂的规章制度，每月在工资中扣除 600 元，共扣除 100 个月。小高则认为工厂的做法属于推卸责任，

自己是无心之失，并非故意违反操作规范，而且月薪本就不高，扣除罚款后无法生活。一气之下，小高申请了劳动仲裁，并扬言如果工厂一定要这么处理，自己宁愿离职。那么，工厂可以如此扣款吗？

【问题分析】

员工犯错造成企业经济损失，处罚是必须的，但不是最终目的。对于企业而言，事故发生后必须按照"四不放过"原则查明原因，排除隐患，进行整改，杜绝此类事件再次发生。

用人单位具有双重身份，既是受害人，也是管理者。如果让员工承担所有赔偿责任，管理者的责任如何体现呢？管理者讲管理时经常说这样一句话：员工失职就是管理者失职，为什么出现经济损失，却是员工承担全责？对于员工而言，收益与责任完全不对等。现实中，企业作为劳动成果的享有者，更应承担经营风险，而不是完全转移风险，让员工"背锅"。按这个逻辑，企业亏损了是不是也要找员工承担？

因劳动者本人的行为给用人单位造成经济损失的，到底该不该赔偿，怎么赔偿，要按照用人单位的规章制度或劳动合同的约定执行，但赔偿额度是按照实际被认定的损失，而不是预估的损失。同时，用人单位要能拿出有力证据，而不是信口开河。

当员工因违规等重大过失造成经济损失时，企业除了对其进行警告、记过之外，还可以要求违规员工赔偿经济损失，但无权对员工处以任何罚款。

罚款是一种行政性的处罚措施，用人单位和劳动者属于平等的民事主体，用人单位不具有对劳动者罚款的权力，类似迟到罚款都是违法的。

员工相对是弱势群体，如果经济损失巨大，完全依赖员工赔偿也不现实，法院一般会根据员工的过错程度酌情裁定赔偿金额。根据《工资支付暂行规定》第十六条规定，赔偿款从劳动者的工资中扣除，每月扣除的部分不得超过劳动者当月工资的20%。如果扣除后的剩余工资部分低于当地月最低工资标准，则按最低工资标准支付。

该员工每月3000元的工资标准，如果每月从工资中扣600元，那么是符合《工资支付暂行规定》第十六条的规定的。

既然罚款是违法行为，那么企业是否可以约定违约金？《劳动合同法》首次明确规定：除法定情形以外，用人单位不得与劳动者约定由劳动者承担违约金。

劳动者应当承担违约金的情形只有两种：一种是劳动者违反服务期约定，须向用人单位支付以培训费用为限的违约金；另一种是负有保密义务的劳动者因违反保密义务，须向用人单位支付违约金。

除此之外，用人单位无权要求劳动者支付违约金，即使双方在劳动合同中对违约金做了明确约定，也因该约定违反《劳动合同法》第二十五条的强制性规定而归于无效。

员工因违规等重大过失造成经济损失时，企业也应承担一定的经营风险。因此，出现经济损失其实是企业与员工双输的局面。HR除了关注经济赔偿之外，更应该解决背后的安全隐患，这才是更有价值的做法。

【管理箴言】

> 员工在履行工作职责时给企业造成经济损失的，如果是员工故意行为或违章作业造成的，那么涉及过错认定一旦成立，则承担全部或大部分责任是应该的；如果属于员工过失造成的，则不能将所有板子都打到员工身上，让其承担全部责任，这于法无据。即使让员工承担

相应的赔偿责任，赔偿标准也要符合应承担责任的比例及法律法规的要求。

财务人员索要钱财，高明的 HR 应这样处理

【管理场景】

一家民营集团的 HR 负责人在与下属子公司沟通时了解到一种情况：财务人员借职务之便，在部门负责人领取奖金时索要一些好处费，理由是请客、出门办事的车马费等。因为财务人员和公司领导的关系很好，索要就像是开玩笑，各负责人也不太好说破。如果不行个方便，对方就会以种种理由拖欠。虽然每次索要的金额不大，但一年累积下来也有上万元，而且这种做法给员工造成的心理感受非常不好。遇到这种不良现象，HR 应该怎么处理？

【问题分析】

财务人员索要财物是一件影响很恶劣的事情，严格来讲是职务侵占罪。作为集团 HR 负责人，管理中要讲原则，不能瞻前顾后，当然也不能莽撞行事。

（1）厘清脉络，认清形势

案例中子公司财务人员索要钱财，当事人却找集团 HR 负责人反映情况……这事处处透着不寻常，HR 必须三思而后行。

财务索要钱财持续了多长时间？在这个偏家族式管理的公司，管理者

是哪种行事风格？HR 要在对这些情况都有详细了解之后，再考虑是否接这个烫手山芋。

为什么员工不向子公司总经理反映财务问题？如果是垂直管理，为什么集团财务部不闻不问？总经理或集团财务负责人对此事的态度是 HR 行动的重要参照。

（2）从审计角度看财务人员索要钱财

作为集团公司，应该有独立的审计部，至少财务部也应负有审计职能。那么，集团审计子公司财务时都审计些什么？这其中主要审计以下情况：

①年度财务收支的执行情况；

②重大经济事项的决策与执行情况；

③债权债务的增减情况；

④固定资产的管理情况；

⑤职工工资的发放和离退休人员费用支付情况；

⑥车辆费用、招待费用、业务费用的支出情况；

⑦上年度财务内审时提出的问题整改情况。

不难看出，财务人员索要钱财，勉强能与第五条挂钩，但从账务处理角度，显然不存在账实不符的问题。从这个角度审计，子公司的账务处理完全合规，这进一步加大了处理此事的难度。

（3）如何寻找同盟军

财务部至少有出纳、会计和财务经理三个岗位。现金一定会经出纳的手，这意味着出纳肯定参与了索要钱财的行动。经理作为财务部负责人，不可能放任出纳随意索要钱财，其分一杯羹或拿大头几乎是肯定的。如果财务管理规范，会计可能是唯一的突破口。

既然反映财务人员索要钱财，那么金额、次数等关键数据就一定要罗列清楚。

（4）做最好和最坏的打算

如果一切顺利，管理者一查到底，对相关财务人员进行了处理，那就最好不过。但往往家丑不外扬，最多也就是财务人员返还钱财，被降职降薪，而辞退他们的可能性不会太大。甚至有可能管理者为避免不良影响将此事压下，企业仍看似风平浪静，但问题并没有彻底解决。

（5）明修栈道，巧妙借力

要改变这种情况，其实很简单。既然是公司制度设计出了问题，那就及时完善公司关于奖金等发放的制度和流程。例如，由人力资源部造表，财务部审核发放，形成制约；规定奖金的发放等同工资，一律采用银行支付的方式进行支付。

实际上，企业集团防止贪污的方法很简单，就是让各部门负责人在各子公司之间进行轮岗。轮岗最大的好处就是离任期间必须进行离任审计。这样做必然让财务部和子公司总经理之间、财务部各个岗位之间无法形成同盟。

很多企业的审计力量有限，为了及时发现问题，往往会设置一些投诉通道，如董事长邮箱、投诉专用电话等。这样做的好处是既保护了投诉人，也使问题快速得到解决。

【管理箴言】

有权力的地方，就会滋生腐败。从根源上说，权力失去制约和监督会导致权力滥用及以权谋私的行为。用制度监督、规范、约束、制衡权力，才能保证权力得到正确行使，才能实现"把权力关进制度的笼子里"。

典型情境管理相关法条

【民法典】（2020）

第二百三十八条 侵害物权，造成权利人损害的，权利人可以依法请求损害赔偿，也可以依法请求承担其他民事责任。

第一千二百五十九条 民法所称的"以上""以下""以内""届满"，包括本数；所称的"不满""超过""以外"，不包括本数。

【劳动法】（2018）

第二十五条 劳动者有下列情形之一的，用人单位可以解除劳动合同：

（一）在试用期间被证明不符合录用条件的；

（二）严重违反劳动纪律或者用人单位规章制度的；

（三）严重失职，营私舞弊，对用人单位利益造成重大损害的；

（四）被依法追究刑事责任的。

第二十六条 有下列情形之一的，用人单位可以解除劳动合同，但是应当提前三十日以书面形式通知劳动者本人：

（一）劳动者患病或者非因工负伤，医疗期满后，不能从事原工作也不能从事由用人单位另行安排的工作的；

（二）劳动者不能胜任工作，经过培训或者调整工作岗位，仍不能胜任工作的；

（三）劳动合同订立时所依据的客观情况发生重大变化，致使原劳动合同无法履行，经当事人协商不能就变更劳动合同达成协议的。

第四十一条 用人单位由于生产经营需要，经与工会和劳动者协商后可以延长工作时间，一般每日不得超过一小时；因特殊原因需要延长工作时间的，在保障劳动者身体健康的条件下延长工作时间每日不得超过三小时，但是每月不得超过三十六小时。

第四十四条 有下列情形之一的，用人单位应当按照下列标准支付高于劳动者正常工作时间工资的工资报酬：

（一）安排劳动者延长工作时间的，支付不低于工资的百分之一百五十的工资报酬；

（二）休息日安排劳动者工作又不能安排补休的，支付不低于工资的百分之二百的工资报酬；

（三）法定休假日安排劳动者工作的，支付不低于工资的百分之三百的工资报酬。

第四十五条 国家实行带薪年休假制度。

劳动者连续工作一年以上的，享受带薪年休假。具体办法由国务院规定。

【劳动合同法】（2012）

第三十一条 用人单位应当严格执行劳动定额标准，不得强迫或者变相强迫劳动者加班。用人单位安排加班的，应当按照国家有关规定向劳动者支付加班费。

第三十九条 劳动者有下列情形之一的，用人单位可以解除劳动合同：

（一）在试用期间被证明不符合录用条件的；

（二）严重违反用人单位的规章制度的；

（三）严重失职，营私舞弊，给用人单位造成重大损害的；

（四）劳动者同时与其他用人单位建立劳动关系，对完成本单位的工作任务造成严重影响，或者经用人单位提出，拒不改正的；

（五）因本法第二十六条第一款第一项规定的情形致使劳动合同无效的；

（六）被依法追究刑事责任的。

【职工带薪年休假条例】（2008）

第二条 机关、团体、企业、事业单位、民办非企业单位、有雇工的个体工商户等单位的职工连续工作1年以上的，享受带薪年休假（以下简称年休假）。单位应当保证职工享受年休假。职工在年休假期间享受与正常工作期间相同的工资收入。

第三条 职工累计工作已满1年不满10年的，年休假5天；已满10年不满20年的，年休假10天；已满20年的，年休假15天。

国家法定休假日、休息日不计入年休假的假期。

第四条 职工有下列情形之一的，不享受当年的年休假：

（一）职工依法享受寒暑假，其休假天数多于年休假天数的；

（二）职工请事假累计20天以上且单位按照规定不扣工资的；

（三）累计工作满1年不满10年的职工，请病假累计2个月以上的；

（四）累计工作满10年不满20年的职工，请病假累计3个月以上的；

（五）累计工作满20年以上的职工，请病假累计4个月以上的。

第五条 单位根据生产、工作的具体情况，并考虑职工本人意愿，统筹安排职工年休假。

年休假在1个年度内可以集中安排，也可以分段安排，一般不跨年度安排。单位因生产、工作特点确有必要跨年度安排职工年休假的，可以跨1个年度安排。

单位确因工作需要不能安排职工休年休假的，经职工本人同意，可以不安排职工休年休假。对职工应休未休的年休假天数，单位应当按照该职工日工资收入的 300% 支付年休假工资报酬。

典型情境管理相关工具

【某集团公司休假管理规定】(摘要)

第十七条 集团公司及所属企业员工连续工作满一年的，享受带薪年休假，带薪年休假标准如下：

（一）工作年限不满 10 年的，每年年休假 7 天；

（二）工作年限满 10 年、不满 15 年的，每年年休假 10 天；

（三）工作年限满 15 年的，每年年休假 15 天。

第十八条 在一年内，有下列情形之一的员工不享受当年的带薪年休假：

（一）病假、事假累计超过 60 天的；

（二）离岗培训、学习时间达 6 个月以上的；

（三）当年已享受产假的。

第十九条 当年按规定已享受婚假、丧假、护理假的，仍可享受带薪年休假。如合并使用的，累计假期时间最长不超过 20 天。

第二十条 带薪年休假原则上每年安排一次，确因工作需要不能较长时间离开工作岗位的员工可以分次休假，原则上不能跨年使用。

第二十一条 带薪年休假时间不包括休息日、法定节假日。

第二十二条 带薪年休假必须履行请休假程序，由本人申请，按权限审批。

【某企业员工关怀管理体系】（摘要）

员工关怀项目	员工关怀类别	关怀对象	关怀方式
节日关怀	元旦节	全体员工	迎新年主题活动
	春节	值班员工	组织慰问
		全体员工	节日福利
		优秀／困难员工	特殊关怀或慰问
	年会	优秀部门	培训先进
		优秀员工	家属参会
			荣誉、奖品颁发
	妇女节	女职工	节日福利
			放假半天／主题活动
	劳动节	优秀员工	评选劳模
		优秀部门	评选先进
	青年节	青年员工	主题活动
			优秀共青团员
	端午节	全体员工	节日福利
			主题活动
	母亲节	做母亲的员工	主题活动
		员工的母亲	节日福利
	儿童节	员工子女（不满 12 岁）	主题活动
			节日福利
	父亲节	做父亲的员工	主题活动
		员工的父亲	节日福利
	建党节	党员	主题活动
	建军节	退伍军人	主题活动
	教师节	内部讲师	节日福利
		外部讲师	节日福利
	中秋节	全体员工	节日福利
		优秀／困难员工	特殊关怀或慰问
	重阳节	4050 员工	主题活动
	国庆节	值班员工	组织慰问

（续表）

员工关怀项目	员工关怀类别	关怀对象	关怀方式
节日关怀	冬至	全体员工	主题活动
	司庆	全体员工	纪念品
			主题活动
亲情关怀	员工生日	全体员工	节日福利
	健康体检	全体员工	年度健康体检
		全体员工直系亲属	健康体检套餐
	心理健康	全体员工	员工援助计划
	家庭关怀	全体员工	两性关系
			法律咨询 / 援助
	职业发展	全体员工	职业生涯辅导
			学习基金
	子女关怀	全体员工子女	升学礼品 / 奖金
			生日礼品
			夏令营
			亲子活动
	父母关怀	全体员工父母	健康体检
			节日慰问
			年会参会 / 企业参访

【某集团企业荣誉管理制度】（摘要）

类别	奖项名称	奖项说明
团队	文化践行奖	结合岗位职责 / 业务特性，积极智慧地推动企业文化落地，具有可推广的文化践行典型事迹。团队呈现出对企业的高认同感、高凝聚力、高战斗力的优秀特征
	追求卓越奖	团队在工作中坚持卓越精神，具有专注极致、卓越过程和结果的典型事迹
	客户感动奖	深刻理解互联网时代的客户思维和服务意识，用心做好服务客户的每一个细节；善于聆听客户的心声，具有让客户感动、赢得客户好评的感人事迹

（续表）

类别	奖项名称	奖项说明
团队	齐心协力奖	坚持以客户为中心，努力打破个人或部门之间的界限，以公司价值观、客户、流程、服务、业务为导向，既各司其职，又主动配合；具有齐心协力、团结协作、显著成效的先进事迹
	专业精进奖	主动并勇于承担挑战性的目标，利用专业知识解决工作中的挑战性问题，不断优化流程，提升团队工作效率，提高工作成果质量；团队具有重视专业、创新发展、持续改善、争优抢先的特征
	业绩突出奖	团队坚持奋斗和奉献的精神，业绩突出，为公司创造较大的经济或管理价值，具有标杆影响力；团队呈现目标一致、注重绩效、结果导向、乐于分享的特征
个人	文化捍卫奖	深刻领悟公司核心价值观，时刻关注公司文化动态，努力追随公司文化潮流，认真执行公司文化政策，积极参与公司文化活动，以行动彰显文化精神，用荣誉捍卫公司文化，是公司文化知行合一的表率和榜样
	严谨极致奖	工作态度严肃认真，工作理念力求极致，工作方法灵活周全，工作细节"锱铢必较"，工作业绩不断突破，勇于争先，勇争第一
	团结协作奖	富有大局观念和团队意识，明确共同目标和工作任务，工作积极主动，在工作及日常交流中尊重他人、团结他人、诚恳友好、主动协作，积极协同他人完成团队目标，取得佳绩
	专业钻研奖	不断提高自身在工作方法、业务技能、技术研究或流程管理等方面的专业能力，用专业知识提升工作效率，体现出自主钻研能力，并能在工作中较好地体现专业水平，善于学习，乐于授业，具有持续改善、不断创新的精神
	岗位能手奖	高度认同公司价值观，努力践行持续改善的良好习惯，热爱本职工作，享受工作乐趣，熟练掌握工作所需的知识与技能，娴熟地运用工作所需的工具和方法，工作效率高、质量好，具有岗位能手的典型特征
	正义责任奖	时时处处廉洁自律，遵守员工商业行为准则，坚守职业道德，捍卫公司价值观，维护公司利益，对违反公司价值观及侵害公司利益的行为敢于制止、检举和揭发
	认真负责奖	严格自律，对待细节认真严谨，一丝不苟；对待工作不讲条件，积极主动，勇于承担；对待挑战正向面对，努力克服，在平凡的岗位上做出不平凡的业绩，深受团队的赞赏